网络位置、吸收能力与企业创新绩效

钱锡红　著

中国财经出版传媒集团

经济科学出版社
Economic Science Press

图书在版编目（CIP）数据

网络位置、吸收能力与企业创新绩效/钱锡红著.
—北京：经济科学出版社，2017.8
ISBN 978 - 7 - 5141 - 8399 - 3

Ⅰ.①网…　Ⅱ.①钱…　Ⅲ.①企业创新－研究
Ⅳ.①F273.1

中国版本图书馆 CIP 数据核字（2017）第 216084 号

责任编辑：刘　莎
责任校对：隗立娜
责任印制：邱　天

网络位置、吸收能力与企业创新绩效

钱锡红　著

经济科学出版社出版、发行　新华书店经销
社址：北京市海淀区阜成路甲 28 号　邮编：100142
总编部电话：010 - 88191217　发行部电话：010 - 88191522
网址：www.esp.com.cn
电子邮件：esp@ esp.com.cn
天猫网店：经济科学出版社旗舰店
网址：http://jjkxcbs.tmall.com
固安华明印业有限公司印装
710×1000　16 开　15.5 印张　200000 字
2017 年 8 月第 1 版　2017 年 8 月第 1 次印刷
ISBN 978 - 7 - 5141 - 8399 - 3　定价：55.00 元
（图书出现印装问题，本社负责调换。电话：010 - 88191510）
（版权所有　侵权必究　举报电话：010 - 88191586
电子邮箱：dbts@ esp.com.cn）

前　　言

　　企业创新是一个恒久的主题且已成为当今企业前沿研究的焦点问题之一。随着创新复杂性和不确定性的增加，企业不能只在组织内部获取创新所需的信息与知识，创新活动的价值链也难以全部纳入到企业内部完成，"闭门造车"式的创新已无法适应产品更新换代日渐加快的时代形势，企业不得不在创新的各个阶段寻求合作。因此，现代的创新模式发生了变化，创新不再是简单的原子式过程，而是一个交互合作的过程，也是一个不断形成企业合作创新网络的过程。网络理论的学者认为，在这张错综复杂的合作创新网络中每个企业所处的位置是不同的，占据优势网络位置的企业在进行创新活动时将更具优势。相对于网络理论，基于企业内部能力观的学者则提出，网络理论学派过于强调企业外部联系对企业创新的影响，忽略了企业获取、消化、转换和应用知识的一系列过程；他们认为，企业在吸收外部知识能力上存在差异，正是这些能力的差异导致了企业创新绩效的不同；能够有效吸收并应用外部知识的企业创新绩效更好，在市场竞争中胜出的机会将大大提高。

　　本书认为，上述两种观点各执一词，也各有道理。事实上，基于整合两种观点的思想，部分学者已开始将企业外部网络位置与内部吸收能力综合起来研究它们对创新的影响。总体而言，大多的研究主要还是关注吸收能力对创新的影响，而对合作创新网络结构进行研究近年来虽然开始逐渐起步，但绝大多数还处在定性描述阶段，其量化研究很少，同时关注网络位置与吸收能力的研究就更为匮乏了。因此，当前尚需要更多更深入的研究来探究下述问题：企业的网络位置对创新绩效是否有重要作用，为什么有些企业网络位置相当创新绩效却不同，企业吸收能力是怎样影响创新绩效的。本书在前人研究的基础上，构建了企业网络位置、吸收能力对创新绩效的影响模型，并以深圳市 IC 产业的 121 家企业为例进行了实证检验，取得了一些有意义的研究结果：

首先，不同的网络位置代表企业在获取创新性知识方面面临不同的机遇，位于网络中心并占有丰富结构洞的企业将在信息获取方面拥有显著优势。范·希佩尔（Von Hippel，1988）认为，新知识对于开发新产品和引致创新性想法至关重要，而知识的交换与获取需要关系的建立，需要行动者占据有利的网络位置。本研究结果表明，高的中心性和丰富的结构洞通过提供学习、知识转移和信息交换的机遇而能显著提升企业的创新绩效，从而验证了网络位置对创新绩效的重要作用。

其次，企业间吸收能力水平的不同是导致创新绩效差异的直接原因之一。科恩和利文索尔（Cohen and Levinthal，1990）强调，企业置身于外部知识流中并不能推动其创新绩效的提高，只有通过培育和增强企业自身吸收能力才能从这些外部知识流中获益。蔡（Tsai，2001）的实证研究表明，吸收能力越强取得的创新绩效就越高。本研究结果支持了这一观点，认为企业通过知识获取、消化、转换和应用能力可以有效地吸收外部知识，直接推动企业创新绩效的提升。

再次，对具有不同知识获取和知识消化能力的企业而言，网络位置对创新绩效的影响是不同的。伊斯克里巴诺等（Escribano et al.，2009）的研究表明，企业吸收能力越高就越能有效地管理外部知识流，从而促进创新绩效的提高。本书的研究结果支持了这一观点，具体而言，对知识获取和知识消化能力低的企业，企业改善网络位置得到的创新收益不明显；但对知识获取和知识消化能力高的企业，企业通过改善网络位置可以获得巨大的创新绩效收益。

最后，吸收能力各维度对网络位置和创新绩效关系的调节作用存在差异，属于潜在吸收能力的知识获取和知识消化维度有显著的调节作用，而属于现实吸收能力的知识转换和知识应用维度没有显著的调节作用。潜在吸收能力与现实吸收能力的差异自扎哈拉和乔治（Zahra and George，2002）提出后一直备受关注，詹森等（Jansen et al.，2005）的研究发现潜在吸收能力与现实吸收能力有不同的发展路径，从而提出它们可能有不同的功能作用。本研究发展了这一观点，实证结果表明，潜在吸收能力与现实吸收能力具有直接促进创新绩效的共同点，但它们在网络位置和创新绩效的调节作用上存在明显的差异。

目　　录

第1章

引　言

1.1　研究背景与问题提出

我国经济经过多年高速发展，目前已达到了前所未有的高度。但在资源和环境的约束下，我国企业依靠以往廉价劳动力和资源投入推动的成长方式面临着越来越大的压力，很明显，缺乏创新支持的经济增长是不可持续的。因此，提高创新能力，走创新型发展道路是我国实现可持续发展的战略选择，也是我国实现产业转型与升级并在国际分工中占据有利地位的必经途径。在我国的创新活动中，企业扮演着相当重要的角色，而企业之所以重视创新活动，是因为企业已逐渐意识到，创新才是企业的生命和发展的不竭动力，特别是在当今产品同质化严重的背景下，只有持续创新的企业才能应对日益变化的市场需求，才可以不断提高市场竞争力。因此，企业创新已成为当今企业前沿问题研究的焦点之一。

在强调创新的知识经济时代，企业的竞争已明显不同于传统经济条件下的竞争。在知识经济时代，知识日益成为经济社会活动中最活跃、最受瞩目的因素，已取代金融资本和自然资源成为企业获取竞争优势的重要源泉。因此，那些能有效获取并吸收外界知识的企业在市场竞争中胜出的可能性大大增加，企业不能仅从组织内部获取知识，而应跨出组织边界获取外部新知识。

2005 年 IBM 公司和复旦大学管理学院对我国境内 300 多家企业进行了调查，发现他们即使在缩减开支的经济衰退期，仍然有追求利用外部知识的紧迫感。调查结果显示，4/5 的被调查者把"利用外部知识而使得企业更具创造力"作为重点任务之一，而近 2/3 的被调查者认为企业在收集外部知识方面没有"接近最大潜力"，从而丧失了"巨大的机会"（陈衍泰，2007）。

随着创新复杂性和不确定性的增加，并且在产品更新换代日渐加快的压力下，任何一个企业都不能只在企业内部获取所需的知识与信息，也难以将创新活动的全部价值链纳入到企业内部完成，为达到获取外部知识的目的，企业相互之间不得不在创新过程的各个阶段进行合作。德国科伦大学经济与社会地理系教授斯特恩伯格（Rolf Sternberg）对德国萨克森、巴登和汉诺威—布伦兹维克—越廷根三角带进行了综合调查，获得了大量的相关数据，发现具有合作伙伴的企业与没有合作伙伴的企业相比较更富有创新性，更容易取得成功。在被调查的制造业企业中，1448 个企业在最近的三年内取得了产品或工艺过程上的创新，其中 85.4% 的企业拥有合作伙伴，另外 14.6% 的企业则没有任何外部联系；而没有创新成果的 501 个制造业企业中，有外部联系与没有外部联系的比率是 53.9∶46.1。由此可见，在所有的创新企业中，有合作伙伴的企业近 6 倍于没有合作对象的企业；而在所有的非创新企业中，这一倍数仅为 1.1，反映出企业外部合作与创新的相关性远高于同非创新的相关性（王缉慈，2001）。

在我国，企业为了获得创新所需的知识和信息，也开展了大量的合作。例如，华为的发展过程就是一个合作网络构建和优化的过程，通过这一过程与合作者建立合作实验室、联合研发中心从而获得合作者的相关资源和知识、获得客户和社会的认可、拓展市场份额、树立市场地位（邓学军和夏洪胜，2008）。事实上，即使在竞争性的企业之间，也存在着大量的合作关系，如日本三洋与海尔、荷兰飞利浦和 TCL、摩托罗拉与东方通信、IBM 和联想等在各自领域竞争多年，但如今也都进行了深度合作。

宝洁公司与和 Inverness 公司在合作创新方面的成功案例非常具有代表性。宝洁公司通过研究健康护理产品发展趋势，意识到家庭诊断测试作为一种新的风险业务，具有极大发展潜力。宝洁公司没有完全从零开始，而是与世界著名的怀孕测试、受精/排卵监测产品供应商 Inverness 公司合作组建了一家各占 50% 股份的企业 Swiss Precision Diagnostics GmbH（SPD）来开发、制造、营销并销售已有和待开发的家庭诊疗产品。这一合资企业的建立使宝洁公司的健康护理业务进入了一个全新的发展领域。

宝洁公司和竞争对手 Clorox 公司的合作也是一个具有代表性的案例。宝洁公司在尿布研发过程中发现一种具有发展前景的塑料薄膜技术，但之前宝洁公司从未涉足塑料包装业务，宝洁公司要在这一成熟行业中独自开发出合适的产品还有相当长的路要走。但是，宝洁公司并没有选择独自开发，而是选择它在清洁产品行业中最大的竞争对手之一 Clorox 公司成立了一家合作企业，从而得到 Clorox 公司关于塑料和树脂研发、新型塑料薄膜产品的技术支持，最终取得了巨大的研发与市场成功。这一案例表明，竞争对手之间也可以合作、互信并共同取得成功。

由此可见，当今创新的模式发生了变化，创新不再是简单的原子式线性过程，而是一个交互作用的过程，也是一个不断形成企业创新网络的过程。基于国家创新系统、区域创新系统、集群创新系统等的研究，近年来学者们开始关注个体企业的网络位置对创新绩效的影响。网络理论认为，企业之间错综复杂的关系构成了一张宽大的网络，每个企业在这张网络中所处的位置是不同的，占据优势网络位置的企业在进行创新活动时将更具优势（Zaheer and Bell，2005）。组织间网络的相关研究也表明，企业在网络中所处的位置可以作为创新的预测变量（Shan et al.，1994；Owen – Smith and Powell，2004）。

相对于网络理论，基于企业内部能力观的学者则认为，网络学派过度强调企业外部联系对企业创新的影响，忽略了企业获取、消化、转换、应用知识和信息的一系列过程。国外的经验研究表明，企业内部知识创造能力是比外部关系更为重要的创新性知识来源（Sternberg and Arndt，2001）。能够有效吸收并应用外部知识的企业在市场竞争中胜出的可能性将大大提高（Zahra and George，2002）。我国学者赵增耀和王喜（2007）也认为，企业通过吸收能力可以加强自身学习并提升利用知识溢出的水平，从而最终实现自主创新。尤其是，20 世纪 80 年代以来，我国在"以市场换技术"战略的指导下对发达国家和地区的先进技术进行了大量引入，通过市场换技术的战略吸引了许多跨国公司来华投资，但我国技术发展成效却不尽如人意。一些学者认为原因在于大多数跨国公司都采用独资、控股的模式进入我国，对我国企业实行严密的技术保护措施，致使先进技术和管理经验无法转移给我国企业。但韩国始终采取"引进、消化、吸收、再创新"的模式，主要靠自主创新来立企、立国，逐步实现了工业化，建立了比较坚实的工业基础。据统计，韩国用于引进技术的资金和用于对引进技术进行消化吸收的投入比是 1∶5 左右，而我国的这一比例仅为 1∶0.07（陆园园等，2006）。由此，越来越多的学者认为企业吸收能力低下才是导致我国企业无法吸收外资企业先进技术和管理经验的主要原因，进而"以市场换技术"的战略不但没有促进我国企业实现技术创新反而使企业过度依赖于国外技术，从而抑制了企业创新主动性和积极性的发挥。

上述两种观点各执一词，也各有道理。基于整合两种观点的思想，部分学者开始将企业外部网络位置与内部吸收能力综合起来研究它们对创新的影响。比较早期进行这方面研究的是蔡（Tsai，2001），他提出，中心性作为描述企业网络位置的重要指标和吸收能力均对创新绩效有重要影响，实证结果也支持了他的观点。我们认为，蔡（Tsai，2001）的研究无疑有重大理论意义与实践价值，但也存在一定的局限：首先，由于蔡进行研究的时间较早，还没有细致的吸收能力测量量表出现，只能用简单的 R&D 投入作为代理变量粗糙地测量吸收能力，因而缺乏就吸收能力各维度影响创新的深入分析，模型有待深化；其次，蔡在文中仅仅考虑了网络位置的一个指标——中心性，而没有将网络位置另一同等重要的指标——结构洞纳入研究，模型的完备性有待加强；最后，蔡的数据来源于两个公司的各个事业部，研究对象不是独立的企业，这使研究结果的推广受到一定限制。

继蔡（2001）的研究后，一些学者也展开了相关研究。例如，吉乌里亚尼和贝尔（Giuliani and Bell，2005）对吸收能力与企业间联系进行研究，发现具有高水平吸收能力的企业更容易与集群外的企业建立知识联系；伊斯克里巴诺等（2009）则从吸收能力调节外部知识流收益的角度进行研究，结果发现拥有更高吸收能力的企业能从外部知识流中获得更大的利益；我国学者韦影（2007）将吸收能力引入到企业社会资本对技术创新绩效影响的研究中，但其对吸收能力的测量维度较单一。总体而言，大多的研究主要还是关注吸收能力，对合作创新网络结构进行研究近年来虽然开始逐渐起步，但绝大多数还处在定性描述阶段，其量化研究很少（谭劲松和何铮，2007），同时关注网络位置与吸收能力的研究就更为匮乏了。

综上所述，整合外部网络位置和内部吸收能力对创新绩效影响的研究虽取得一定进展，但还需要更多更深入的研究来探究下述问题：在知识流动加快、创新压力加剧的时代背景下，企业间开展了大量广泛的合作创新活动，但为什么同处于一张创新合作网络中，企业的创新绩效却不同？

1.2 研究目的与意义

1.2.1 研究的目的

在创新的过程中，企业利用外部信息的重要性已逐渐被学界所重视。在以往的相关研究中主要存在两种观点：一种观点强调网络位置对信息收集的重要性；另一种观点强调企业内部吸收能力对信息处理的重要性。本书应用社会网络分析方法和管理学相关理论整合了这两种观点，并以深圳市 IC 产业为例进行实证分析，探讨了企业网络位置、吸收能力及其交互效应对创新绩效的影响作用。具体而言，本研究有如下目的：

（1）本研究通过选取最能刻画企业网络位置的两个指标——结构洞和中心性，探讨网络位置对企业创新绩效的影响。

（2）以往简单笼统的吸收能力研究已不能满足人们理解和指导创新活动的需要，因此，本研究希望突破将吸收能力视为笼统单维度概念的局限，深入探讨吸收能力各维度对创新绩效的影响。

（3）本研究认为网络位置理论与企业吸收能力理论都只反映了影响创新绩效的一个方面，是片面而不完整的，需要将这两种观点综合起来看待它们对创新绩效的影响。因此，本研究希望整合网络理论和吸收能力理论的相关观点，从多角度探讨影响创新绩效的因素，从而得到较系统的创新绩效影响模型。

（4）通过经验数据的检验，希望能为企业的创新活动提供更多可供参考的理论依据和实践启示。

1.2.2　研究的理论意义

合作创新网络理论的研究目前在国际上还处在刚刚兴起的阶段，存在巨大的理论探索空间；而目前国内的相关研究大多还处在追踪、解读国外研究成果的初级理论探索阶段，其量化研究非常匮乏。在吸收能力理论研究方面，以往大多数学者把吸收能力视为笼统的单维度概念，而无法对吸收能力进行深入细致的作用机制分析，近年来，理论界逐渐意识到吸收能力是多维度概念，对吸收能力多维度特性的研究也受到了较多的关注。但目前总体而言，无论是合作创新网络定量方面的研究还是吸收能力多维度方面的研究都比较匮乏，更遗憾的是，目前这两方面的研究大多是孤立地分别看待合作网络、吸收能力对创新绩效的影响，学术界并没有充分整合这两种观点对创新绩效的影响。

基于上述研究现状，本研究应用社会网络分析方法和管理学相关理论，将企业间网络理论和吸收能力理论整合起来，考虑网络位置、吸收能力及它们的交互效应对创新绩效的影响，这对融合社会网络理论与吸收能力理论、进一步完善我们对创新绩效影响模型的认识，无疑具有重要的理论意义。

1.2.3 研究的实践意义

在实践活动中，创新在企业、产业以及国家层面发挥着越来越重要的作用。在我国，提高创新能力、走创新型发展道路是我国实现可持续发展的战略选择，也是我国实现产业转型与升级并在国际分工中占据有利地位的必经途径；对企业而言，创新更是企业的生命和不竭发展的动力，特别在当今产品同质化严重的背景下，只有持续创新的企业才能应对日益变化的市场需求，才可以不断提高市场竞争力。

在企业创新过程中，为应对产品生命周期缩短和市场需求复杂多变的外部环境，企业必须开展广泛的创新合作。在广泛合作创新的过程中，企业将面临如何利用各种网络进行信息收集与消化吸收，以提高企业自身创新绩效的问题。因此，在目前这种企业间广泛开展合作创新的经济环境和社会背景下，本研究从企业的合作创新网络和企业内部吸收能力两个角度对创新绩效进行研究，对指导企业获取与消化吸收外部信息、提升企业创新绩效，无疑具有重要的实践意义和现实价值。

1.3　研　究　方　法

1.3.1　文　献　分　析　法

通过查阅国内外相关资料，全面掌握与本研究领域相关的文献、研究报告与著作，为本研究理论模型的建构、测量量表的开发及分析工具的运用提供素材。具体而言，通过理论推演，明确国内外有关网络位置的相关指标及其测量方法，梳理网络位置与创新绩效的相关研究，提出网络位置有利于提升企业创新绩效的观点。明确国内外有关吸收能力概念的定义、维度划分及各维度测量的现状，为本研究吸收能力量表的开发提供依据，同时为本研究吸收能力各维度有利于提升企业创新绩效的观点提供理论支撑。掌握将吸收能力视为调节变量的相关研究，立足于这些研究并弥补这些研究的不足，从而提出本研究吸收能力有利于挖掘网络位置的创新利益的观点。

1.3.2 问卷调查法

本书采用问卷调查法，引用已有研究的量表题项，并根据本研究的实际情况对量表进行一定的修正，进而设计出符合本研究框架的问卷，对企业技术合作伙伴、吸收能力、创新绩效等展开调查。

1.3.3 社会网络分析法

在对创新网络和创新系统的研究中，网络分析是一种重要的方法。网络分析借鉴社会学中有关社会网络的概念和方法，可以研究互相联系的不同主体在创新活动中的相互作用。本研究将应用社会网络分析软件 UCINET 来描绘企业创新合作网络图，同时对被研究对象的网络位置相关参数（中心性和结构洞）进行测量，为本研究进一步探索网络位置对创新绩效的影响提供工具和方法上的支撑。

1.3.4 统计分析法

本研究应用相关统计分析方法，借助 SPSS1 5.0 软件，对相关数据进行探索性因子分析、信度、效度检验及多元回归分析；应用 LISREL 8.72 软件进行验证性因子分析、信度及效度检验。

1.4 本书内容安排

本书主要研究企业网络位置、吸收能力及其交互效应对企业创新绩效的影响。本书共分为 7 章，具体如图 1 - 1 所示：

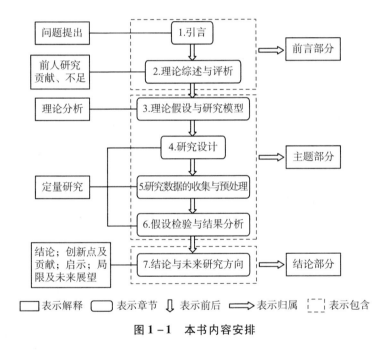

图 1 - 1 本书内容安排

第 1 章是引言。从当前创新的重要性和企业广泛开展创新合作的大背景出发，结合网络理论和内部能力理论对于创新研究的不同侧重点，引出本研究的问题，并对本书的研究意义、研究方法、内容安排等进行阐述。

第 2 章是理论综述与评析。首先，对创新相关理论进行回顾，对创新从线性范式向网络范式发展的演进过程进行介绍，并对两种创新范式的特征进行比较。其次，对网络理论与方法进行回顾，其中对管理学界的企业间网络理论进行介绍，并对网络的三个主要功效进行总结；对社会网络理论的最重要分支——社会资本理论进行回顾，并对创造社会资本的两种观点进行阐述与评价，为本书后续结构洞创造创新收益的观点提供理论准备；对社会网络分析方法的演进进行脉络梳理，并对本书将要用到的网络分析相关概念进行介绍。最后，对吸收能力的概念演进进行回顾，对吸收能力的维度构成、吸收能力整体及各维度测量进行理论阐述与点评，并对吸收能力的四大机制模型进行评价。

第 3 章是理论假设与研究模型。首先，提出占据中心性或跨越丰富结构洞的网络位置有利于创新绩效提升的观点。其次，对吸收能力影响创新绩效的主要文献进行总结，并结合吸收能力的四个维度提出企业知识获取、消化、转换和应用都有利于创新绩效提升的观点。再次，引入吸收能力各维度作为调节变量，分别提出吸收能力各维度对于企业网络位置与创新绩效关系的正向调节作用。最后，基于以上假设，提出本书的"网络位置、吸收能力与企业创新绩效的关系模型"。

第 4 章是研究设计。首先，对本研究的资料收集方法和数据处理方法及其依据进行具体介绍。其次，对本研究假设检验中的因变量、自变量、控制变量的选择、测量进行具体介绍。最后，对本研究产业选择的依据进行阐述，并对被选产业的概念、特征及其在我国、广东省、深圳的发展现状进行分析总结，从而论证本研究选取深圳地区 IC 产业作为研究对象的可行性和代表性；还阐明了在 IC 产业中本研究只重点研究企业网络的原因，以及本研究的抽样方法及其理论依据。

第 5 章是研究数据的收集与预处理。第一部分主要描述样本容量的确定和样本收集的情况；第二部分对样本进行描述性统计；第三部分对有效样本的企业合作创新网络进行特征描述；第四部分对数据进行探索性因子分析和信度、效度检验。

第 6 章是假设检验与结果分析。第一部分进行多重共线性检验，为后面的回归分析做铺垫；第二部分采用多元线性回归分析对研究模型中的相关假设进行检验；第三部分对假设检验结果进行汇总与分析；第四部分是本章小结。

第 7 章是结论与未来研究方向。基于本研究的假设检验结果，对本研究得出的一些有意义的结论进行阐述，指出本书的创新点和理论贡献；提出本研究结论对企业实践和相关管理部门的启示；最后指出本研究尚待改进的地方和未来研究方向。

第 2 章

理论综述与评析

本章首先对创新理论进行回顾，基于企业原子式创新、国家创新系统、区域创新系统及区域创新网络的相关研究，对创新从线性范式向网络范式发展的演进过程进行介绍，并对两种创新范式的特征进行比较。然后对网络理论与方法进行回顾，其中对管理学界的企业间网络理论进行介绍，并对网络的三个主要功效进行总结；对社会网络理论的最重要分支之一社会资本理论进行回顾；对社会网络创造社会资本的两种观点进行阐述与评价，为本章后续结构洞创造创新收益的观点提供理论准备；对社会网络分析方法的演进进行脉络梳理，并对本章将要用到的网络分析相关概念进行界定。最后对吸收能力的概念演进进行回顾，对吸收能力的维度构成、吸收能力整体及各维度测量进行理论阐述与点评，并对吸收能力的代表性理论研究进行了评价。

2.1 创新相关理论

在传统的企业理论中，企业被假定为原子式个体，即各个企业之间是一种孤立、零散的关系；但在现代企业理论中，企业最终的价值创造和实现要依赖于利益相关者之间的合作，合作的质量越高、范围越广、程度越深，则企业的发展空间和潜力也就越大（李海舰和郭树民，2008）。

2.1.1　企业原子式创新

技术创新理论源于 20 世纪初期，距今已有近百年的历史。但学者们一般将熊彼特认定为系统研究创新理论的开山鼻祖。熊彼特 1921 年出版的《经济发展理论》一书首先提出了创新理论，他认为，"创新"是指建立一种新的生产函数或供应函数，是在生产体系中引进一种生产要素和生产条件的新组合，所以，创新是一种"内在的因素"，主要依赖于企业家"更适当地、更有利地运用现存的生产手段"，对现存的生产要素"实施新的组合"。他认为创新是推动资本主义经济增长的"动力源"或"发动机"，并认为创新具体包括五种情形：①采用一种新产品——也就是消费者还不熟悉的产品——或者一种新的产品特性；②采用一种新的生产方法，也就是在有关制造部门中尚未通过经验鉴定的方法，这种新的方法绝不需要建立在科学新发现的基础上，它可以存在于商业上处理一种产品的新方式之中；③开辟一个新的市场；④掠取或控制原材料或半制成品的一种新的来源；⑤实现一种工业的新组织。同时熊彼特认为创新具有四种特性：一是内生性，"我们所指的'发展'只是经济生活中并非从外部强加于它的，而是从内部自行发生的变化。"二是"革命性"，正因为创新的突发和间断的特点，熊彼特强调经济研究中的动态分析。"而恰恰就是这种'革命性'变化的发生，才使我们所涉及的问题也就是在一种非常狭窄和正式意义上的经济发展问题。"三是创新同时意味着毁灭，由创新所带动的"创造性的毁灭"在不断打破旧的"传统"的同时，带来新的经济增长活力。四是创新的主体是"企业家"。熊彼特是以"创新"为前提来界定企业家的，即把新组合的实现称为"企业"，把能够实现新组合的人称为"企业家"。在这四种特性中，熊彼特更强调"企业家精神"在创新中的重要作用，认为，创新作为一个经济与社会的过程，在这一过程中起关键作用的是承担市场风险、组织和运用资源以创造利润的企业家。

由于熊彼特的理论更多强调企业家精神，因此创新也是一种意志行动，而非智力的行动，对此，一些学者提出了批评。尽管熊彼特创新理论存在着很大的局限性，但为创新理论的研究开辟了先河，引起了众多学者对创新的关注。我国学者盖文启（2002）、魏江（2003）认为可以将熊彼特的创新思想视为创新的个人英雄主义阶段。

20 世纪 50 年代后期，兴起了创新理论研究的新熊彼特主义（New – Schumpeterism）。新熊彼特主义的创新理论认为，知识是一个相互作用的过程。这种相互作用发生在企业与基础研究机构、与用户、与更广阔的制度环境之间，所以，"创新的发生是一种相互作用的过程"（Dosi，1988）。在组织层面上，创新的过程通常还要求创新者与一个或更多的厂商进行交互作用，通过交互的过程，促进知识、信息和技术等要素的转移与扩散，从而促进这些要素在其他活动中形成"新的组合"，产生更进一步的创新。虽然新熊彼特主义已经注意到了创新的交互作用特性，但是未对这一交互进行空间上的拓展，他们更注重对技术创新过程本身的研究，将创新局限于企业狭小的空间内，此外，他们还注重对技术创新产生的技术经济基础、技术轨迹与技术范式、技术创新群集、技术创新扩散等的研究。新熊彼特学派的研究者后来同样成为国家创新系统研究的代表人物（如 Nelson、Freeman、Dosi 等）。

2.1.2　创新系统和创新网络

1. 国家创新系统

由前述分析可知，新熊彼特学派的研究实际上已经触及了创新的交互作用特性，但尚未对这一交互进行空间上的拓展。随着创新研究从线性创新模式进一步向非线性创新模式演变，后来的研究更强调企业与创新环境间的动态性互动过程（Kline and Rosenberg，1986；Dosi，1988；Malecki，1997），正是在这样的背景下，创新研究发展到"系统范式"或"网络范式"，并最先应用于国家层面，即国家创新系统（national innovation system，NIS）。国家创新系统的研究视技术创新变革为国家经济增长的核心要素，侧重解释国家间经济绩效差异的长期原因，成为提升一国国际竞争力的重要手段。弗里曼（Freeman，1987）在对日本创新系统的研究中，将国家创新系统界定为"公共和私人部门中的机构网络，其活动和相互作用有助于激发、引入、改变和扩散新技术，其功能旨在提升国家竞争力"。伦德沃（Lundvall，1992）的定义较有代表性，他认为创新是包含许多合作者的相互作用过程，因此，国家创新系统是一个国家内部的各种要素和关系的集合，这些要素和关系相互作用于新的、有用的知识创造、扩散和应用中；他还强调创新系统的核心行为在于互动性学习。

从国家创新系统的构成要素看，弗里曼（1987）总结出国家创新系统的四要素：政府、企业研究与发展、教育和培训、独特的产业结构。伦德沃（1992）把国家创新系统的构成分为五个子系统——企业内部组织、企业间关系、公共部门、金融部门及其他部门、大学和研究发展部门。他还强调生产系统中的相互学习机制和工人、消费者及公共部门等最终用户在创新过程中的重要作用。尼尔森（Nelson，1993）比较分析了美国和日本等国家和地区的自主技术创新制度体系，指出现代国家的创新系统在制度上相当复杂，他们包括各种制度因素以及技术行为因素，也包括致力于公共技术知识开发的大学和研究机构，以及政府的基金和规划之类的机构。布莱雅特等（Bryant et al.，1996）将国家创新系统的内在结构总结为四个方面：①体制状况，包括公司法、专利法、宏观经济环境、竞争政策、资本效用、进入市场的渠道等；②科学和工程基础，包括专业培训、积累和应用知识的大学、基础研究、与公共利益相关的R&D；③转移因子，即影响创新扩散（通常为非正式扩散）的因素，包含价值系统、联系渠道及其网络、企业衍生可能性等；④创新动力，指企业范围内的创新活动（魏江，2003）。

总之，国家创新系统理论指出技术创新和传播需要大量相关部门和制度的支持，在创新和学习中除了正式的机构和制度如大学、科研机构、金融机构、法律制度和社会管理体制等，各种非正式的文化、习俗等也影响着知识的积累和传承。关于国家创新系统要素和结构的研究均强调系统内部各要素和机构之间的互动作用，正是这一互动作用影响着企业的创新绩效和整个经济体系的创新能力。

2. 区域创新系统

事实上，国家创新系统只是创新系统研究的一个层面，创新系统的其他研究层面还包括区域内、区域间，以及跨国多层面的创新系统。随着全球化的发展，"国家状态"日益让位于"区域状态"，区域成为真正意义上的经济利益体（Ohmae，1993）。库克和摩根（Cooke and Morgan，1998）在对欧洲企业的研究中也发现，虽然经济全球化日益明显，但是这些企业关键性的商业联系仍然集中于区域范围内。正是在这样的背景下，创新系统的研究热点转向了区域创新系统（regional innovation systems，RIS）。事实上，冯之浚等（1999）认为区域创新系统是国家创新系统的基础和有机组成部分，是国家创新系统的子系统。区域创新系统是指区域网络各个节点（企业、大学、研究机构、政府、中介机构等）在协同作用中结网而创新，并融入区域创新环境中而组成的系统。即区域创新系统是区域创新网络与区域创新环境有效叠加而成的系统。王缉慈（2001）认为区域创新成功的前提就是建立在本地企业间，以及在企业与科研机构长期合作基础上建立的本地创新网络。区域内部各类企业和机构间的集体学习机制和合作性互动关系"是解决开放性和封闭性、路径依赖性和更新需求矛盾的有效途径"，对于促进区域创新具有重要作用（Heidenreich，2005）。

总体来看，区域创新系统的相关研究主要集中在区域创新系统分类、结构、建设模式、建设政策、评价等方面（胡明铭，2004）。在区域创新系统的要素和结构分析上，阿什姆和伊萨克森（Asheim and Isaksen, 1997）认为，区域创新系统由两类主要的行动者及他们之间的交互作用构成：第一类行动者是区域内的企业；第二类是制度性的基础设施，例如，研究和高等教育机构、技术转移机构、职业培训组织、行业协会、金融机构等。因此，他们认为一个有效的区域创新系统必须拥有许多正式的企业间创新合作，同时，必须加强制度性基础设施的建设，以使更多区内和区外的知识提供主体参与到创新合作中来。库克和施恩斯多克（Cooke and Schienstock, 2000）认为，地理概念上的区域创新系统由具有明确地理界定和行政安排的创新网络与机构组成，这些创新网络和机构以正式和非正式的方式相互作用，从而不断提高区域内部企业的创新产出。该创新系统内部的机构包括研究机构、大学、技术转移机构、商会和行业协会、银行、投资者、政府部门、个体企业以及企业网络和企业集群等。库克（2002）等从聚集性经济、制度性学习、联合治理、相近性资本和互动性创新五个方面对欧洲十一个地区的区域创新系统进行研究，认为区域创新系统由两个主要子系统构成——知识应用和开发子系统，以及知识产生和扩散子系统，前者由客户和契约方的垂直网络及合作伙伴（或竞争者）的水平网络构成，而后者由技术中介机构、劳动中介机构、公共研究机构及教育培训机构组成。

学者们还对区域创新系统进行了分类，其中较具代表性的是阿什姆（1998）的分类，他将区域创新系统分为三类——嵌入于地域的区域创新网络（territorially embedded regional innovation network）、区域网络化创新系统（regional networked innovation systems）、区域化的国家创新系统（regionalised national innovation systmes）。在第一类创新系统中，企业主要将它们的创新活动建基于本地的学习当中，学习主要由地理、社会和文化上的相近来推动，而较少存在相关知识性组织的互动。这类创新系统与库克（1998）所谓的根植式区域创新系统（grassroots RIS）类似。第一类创新系统可以演化为第二类创新系统，在第二类创新系统中，企业和组织仍然嵌入于特定的区域，并以当地的交互式学习为主，这类系统与本地制度性的基础设施合作更加频繁，例如，这类系统中有更多的研发机构、职业培训中心和其他积极参与到企业创新流程中的本地机构。这种网络化系统被认为是区域创新系统的理想状态，类似于库克（1998）的网络式区域创新系统（network RIS）。网络化的区域创新系统是一种内生的发展模型，它试图通过公共政策来增加创新能力和协作。但对于多数企业而言，为了进行突破性创新（radical innovation）还需要补充非正式的、默会的知识。因而，从长期来看，多数企业不能仅依赖于当地的学习，而必须广泛地获取更多诸如国家创新系统的常识性和编码化知识（Asheim and Isaksen，2002）。第三类创新系统不同于前两类，这类系统中产业和制度性基础设施的功能更多地整合到国家或国际创新系统中，例如，创新活动在很大程度上发生在本地之外，因此，该类系统代表外生发展模型，类似于库克（1998）的统制式区域创新系统（dirigiste RIS）。这种系统中的合作多是线性的，因为合作通常都是针对特定的创新工程利用科学的、正式的知识来开发突破性创新，因而，当合作成员拥有相似的教育背景并共享相同的正式知识时，合作更容易展开（Asheim and Isaksen，2002）。表2-1从制度性基础设施的位置、知识流动和合作的推动因素三个方面对这三种类型的区域创新系统进行了比较。

表 2 - 1　　　　　　　　区域创新系统三种类型的特征

区域创新系统类型	制度性基础设施的位置	知识流动	合作的推动因素
嵌入于地域的区域创新网络	本地，企业较少与相关知识性组织互动	交互	地理、社会和文化的接近性
区域网络化创新系统	本地，企业较多与相关知识性组织互动	交互	有计划的系统性网络
区域化的国家创新系统	主要在本地之外	线性	拥有相似教育背景和经历的个体

资料来源：Asheim and Isaksen（2002）。

3. 区域创新网络

区域创新系统强调的是整个区域被看作一个有机的创新系统。区域系统的创新包括区域内各个行为主体及其所联结的网络的创新，还包括区域内各种环境因子的创新。所以，区域创新系统是区域创新网络与区域创新环境有效叠加而成的系统。其中，区域创新环境涉及各种有利于创新的非正式文化、习俗、制度的培育与建构，创新环境理论实际上重申了马歇尔产业区学派的主题——创新存在于某种无形的氛围（air）之中（王缉慈，2001）。近年来，区域创新系统学派与创新环境学派在理论上日益表现出相互交织和融合的趋势，并共同推进着区域创新研究的发展（周泯非和魏江，2009）。并且，由于本研究关注的是企业网络位置状态对创新绩效的影响，强调的是企业间的创新网络及企业在网络中所处的位置。因此，创新环境因素不被纳入到本文的研究范围之内。

一般认为，德国社会学家希梅尔（Simmel，1922）在 *Conflict and the Web of Group Affiliations* 一书中第一次使用了"网络"概念，20 世纪 60~70 年代学者们进一步就"网络"进行了研究。例如，米切尔（Mitchell，1969）把网络定义为联系特定一组人、物体或事件的一个特殊的关系类型。他认为构成网络的这组人、物或事可以称为"行动者"（actors）或"节点"（nodes）。20 世纪 80 年代以来，网络概念开始流行于多个学科，尽管各学科研究网络的视角不同，但大体而言，都以不同的形式表现出了行为主体之间的联系。例如，哈坎森（Hakanson，1987）认为网络应该包括三个基本组成要素——行为主体、活动的发生、资源，因此他将网络定义为有活动能力的行为主体在主动或被动参与活动中，通过资源流动在彼此之间形成的各种正式或非正式关系。20 世纪 90 年代以来，学者们也在网络的定义方面进行了进一步的探索，例如，伊斯顿（Easton，1992）把网络定义为一种模式或一种隐喻，用来描述一些（通常是大量的）相互联系的实体。英国学者哈尔兰德（Harland，1995）在《网络与全球化》（*Network and Globalization*）一书中提到，网络的概念通常被描述为一种纤维线、金属线和其他类似物联结成的一种网状结构。诺里亚（Nohria，1992）认为，网络作为社会组织的一个基本结构而存在，给其下定义实属不易。因此，他从网络特征角度对网络的概念进行了界定，他认为网络应满足以下五个特征：①所有的组织都是社会网络的重要方面；②一个组织的环境正是其他组织的网络；③个体的行动可由其在网络中所处的位置给予解释；④网络限制组织的行动，但行动反过来也促进了网络的进化发展；⑤组织的比较分析必须考虑其所在网络的特征。我国学者盖文启（2002）认为网络是各种行为主体之间在交换资源、转移资源活动过程中发生联系时而建立的各种关系总和，这些关系又可以分为非正式关系和正式合作关系两类，前者基于共同的社会文化背景和共同信任而形成，后者基于市场交易或知识、技术等创造过程而形成。

最早涉及网络与技术创新关系研究的是美国芝加哥大学著名社会网络学家博特（Ronald S. Burt）教授，他在1973年美国国家自然科学基金项目（GS－30820）研究成果中指出社会网络（social networks）中存在两个过程对技术创新扩散产生显著影响：一是信息传播，二是社会影响（social influence）的传递。接着泽皮尔（Czepiel，1975）、博特（1980）、提斯（Teece，1986）、伦德沃（1988）及伊迈（Imai）和巴巴（Baba，1989）等都提出企业（或组织）间的交互作用对企业创新起到重要的作用。Lundvall（1988）指出（产品）创新是生产者与用户交互作用的过程，他将政府的作用、创新体系中的劳动分工（部门间关系）、科学与技术的关系、产业与学术团体的关系、创新者与用户的关系等均放置在生产者与用户的交互过程进行考查、阐释（池仁勇，2007）。但是，所有这些学者都没有明确使用创新网络（innovation network）这一概念，而是用社会网络（social network）、组织间相互作用（interaction）等概念分析企业创新网络。

事实上，最早明确使用"创新网络"概念的学者是弗里曼（1991），他完全等价意义地交替使用"创新者网络"（networks of innovators）"创新网络"（innovation networks/networks of innovation）等概念，并认为创新网络是进行系统性创新的一种基本制度安排，网络构架的主要联结机制是企业间的创新合作关系。关于创新网络的重要作用在区域创新系统文献中已有大量精辟的研究。例如，欧洲区域创新环境研究小组（GREMI，Groupe de Recherche Europen sur les Milieus Innovateurs）强调企业和创新要素之间形成的创新网络对创新具有重要作用（Camagni，1991）。在市场竞争日益激烈、技术变化日益加快的时代，区域创新系统内部创新网络的建立是区域创新系统运行最重要的步骤，也是区域内部企业实现创新和可持续发展的必要条件。此外，创新网络的发展促进了区域创新环境的改善，形成了创新环境与创新网络的互动局面。

概括来讲，企业积极结成创新网络对于企业创新主要有以下几方面的作用：

第一，创新是一个把新想法转化成具体商业化产品的过程，它的典型特征是结果的不确定性。这些不确定性主要表现在三方面：①实际商业价值的不确定性；②创新成功与否的不确定性；③初始创新定向与实际创新结果间的不对应性（孙洛平和孙海琳，2006）。然而，创新网络可以有效降低创新活动中的技术和市场不确定性，通过将企业连接到更广阔的创新环节和空间，使企业获取更多互补性的资源和技能，从而克服单个企业在从事复杂技术系统创新时的能力局限；通过建立区域内的企业间创新网络，可以使企业获得必要的外部资源。

第二，日益加快的技术变化和不断缩短的产品生产周期使研发的成本急剧上升。以开发新药为例，2003 年 3 月荷兰《卫生经济学》杂志（*Journal of Health Economics*）称开发一种新药所需的成本是 8.02 亿美元，且开发的药物中只有一部分能最终投放市场。为了分摊高技术产品开发高昂的成本，并降低开发的风险，越来越多的高技术企业都倾向于结成创新合作网络，以使单位研发投入获得更高的创新产出。

第三，企业为了集中研发具有核心竞争力的产品，越来越倾向于将非核心的研发活动外包给其他企业，在这种情况下，合作的创新网络扮演着重要的角色。

第四，尽管分摊费用一般被认为是企业结网进行研发的一个主要动机，但获得信息和知识也是企业结网的目标之一。巴普蒂斯塔和斯万（Baptista and Swann，1998）的研究强调在创新活动中知识外溢和信息共享的重要性。他们认为，区域内的企业应该重视供应商和客户之间的交流和互动，并尽量与新科学技术知识的来源，例如大学和各种研究机构保持密切联系，以此获得创新活动的必要资源。霍夫曼等（Hoffman et al.，1998）的研究也认为高科技企业与各类外部公共或私人的知识资源建立广泛的联系，即成为创新网络成员之一，可以促进这些企业获得重要的技术知识，并增强它们的技术竞争力和企业竞争力。

2.1.3　线性创新范式和网络创新范式的特征比较

由以上创新理论的回顾可以大致将创新理论的发展概括为原子式线性创新阶段和网络式交互创新阶段。20 世纪 70 年代以前的很长一段时间，传统的经济学假设厂商和人仅是系统中的相互独立且互不影响的"原子"，因而，技术创新仅仅局限于单个企业内部，单个企业在技术创新中的作用非常重要。学者普遍认为，科学研究是创新的起始点，增加科学研究投入将导致下游的创新与新技术的增加。通常的模式是企业根据现有资源对技术进行改进或创造从而增加产品的功能、改变产品的结构、变换产品的外观。这一过程可以概括为技术创新的线性模式，简单表示即为：发明→开发→设计→中试→生产→销售。线性的模式意味着，信息的反馈遵循这样的途径，即上游的活动，如研发将很少或没有机会与下游的顾客或客商进行交流或相互学习。但这种线性模式一经提出，便受到许多学者的质疑，最主要的原因是这一观点忽视了社会的背景。社会科学研究要求充分考虑企业之间的联系，而且，随着近几十年世界经济的发展，企业技术创新过程面临着越来越多的不确定性和影响因素，知识复杂性与日俱增，知识创造的步伐也越来越快，产品生命周期加速缩短等等，这些因素使企业外部联系越来越重要。企业创新不能仅限制在单一的企业内部，创新过程不再是简单地按照原来的线性模式发生，而是贯穿于企业生产经营过程中的每一环节，而创新的来源也扩展到企业的供应商、客户甚至竞争对手。通过与外部信息交换和协调，企业可以有效克服自身在技术创新能力方面的局限性。创新更多的是一种学习过程，表现为"干中学""用中学"和"相互作用过程中学习"等（Malecki，1997），而这种创新正是企业网络式交互创新。从关注单个企业内部技术创新过程到关注企业与外部环境互动过程的转变，既反映了研发实践演进的历史逻辑，也反映了研究者兴趣的转移（丘海雄和徐建牛，2004）。

阿什姆（1998）对以上两种创新范式的特征进行了对比，如表2－2所示。

表 2－2　　　　　　　　两种创新范式的特征比较

指标	线性创新范式	网络创新范式
主要部门	大企业和研发机构	小企业和大企业、研发机构、客商、供应商、大学、公共机构

续表

指标	线性创新范式	网络创新范式
创新投入	研发	研发、市场信息、技术竞争、非正式实践知识
地理分布	大多数创新活动（研发）发生在中心区域	创新活动在地理空间上扩散
典型工业部门	福特时代的制造业	柔性工业部门

资料来源：Asheim（1998），转引自盖文启（2002）。

总体来看，我国学者在国家层面研究创新系统的较少，主要从区域创新网络和产业动态创新系统的视角进行了初步探讨（张俊芳和雷家骕，2009）；在区域或集群层面的创新研究也没有关注个体企业在当地网络中的相对位置对于集体学习和集群创新的影响；并且，没有把区域外部联系纳入到研究范畴中来，只是将区域视为一种封闭系统（周泯非和魏江，2009）。这正是本研究将要克服的。

2.2 网络理论与方法

本节对网络理论与方法进行回顾。首先基于管理学界对企业间联系的重视，对企业网络理论进行回顾，并对企业网络的三大功效进行总结，其中，降低交易费用的功效偏向于经济学的视角，而获取资源、获取社会资本这两大功效为本书第 3 章提出网络位置有利于创新绩效的假设奠定初步的理论基础。本节第二部分对社会资本理论进行了回顾，因为社会资本是社会网络理论的重要分支之一，是社会网络的生产性结果之一，对于理解网络位置利益具有一定的启示。基于前两部分的论述，本节第三部分对社会网络创造社会资本的两大观点——结构洞理论和社会闭合理论进行回顾总结，进而为本书第 3 章提出结构洞有利于企业创新绩效提升的假设奠定初步的理论基础。本节最后一部分对社会网络分析理论和方法进行了回顾，社会网络分析理论区别于社会网络理论，前者更强调方法、工具的应用，而后者内涵和研究内容相比前者要丰富得多；本部分还对本书后续将要用到的网络分析的相关概念进行界定。

2.2.1　企业网络理论

1. 企业网络理论的发展

国家创新系统、区域创新系统及区域创新网络基本都是从宏观视角来研究创新活动，但在管理学界，学者们更注重分析个体企业间的联系，把企业作为研究的焦点，其中较具代表性的是企业网络理论。

网络思想在管理学界的推广带动了企业网络理论的发展。传统的管理学理论从规模、市场地位、产品相似性和广告强度等方面解释企业间盈利差异，并没有考虑到企业的盈利差异有一部分来自于企业所在网络的差异性及企业在同一网络中位置的差异性，企业网络理论正是要从这一方面来解释企业间诸如盈利能力、创新能力等的差异。企业网络理论的研究学者认为，随着社会网络化范围的扩大以及程度的加深，特别是企业间网络的形成与发展，以往把企业看作是在非人格化的市场中为获得利润而进行原子式竞争（atomistic competition）的视角显得越来越不合时宜（Gulati，1998；Gulati et al.，2000）。网络化成长模式才是复杂的全球商业化环境下企业成长的重要方式和策略（Peng and Health，1996）。

事实上，人类学家、社会学家、心理学家，尤其组织行为学家很早就关注到网络的意义，相比之下，经济学、管理科学对网络的研究一直处于较为落后的状况。20世纪70年代以来，网络已变成描述当代组织的一个时髦词，大到跨国公司，小到企业家型的企业，从新兴产业到传统产业，从地区经济到国民经济，越来越多的组织被描述成网络（Nohria，1992）。越来越多的行业也开始采用企业间协调的方式来组织交易和生产活动，学者们也用不同的术语来概括这一新的组织方式，诸如"网络组织"（Mills and Snow，1992）"战略网络"（Jarillo，1988）"企业网络"（Nohria，1992）"准企业"（Eccles，1981）"网络治理"（Jones 等，1997）"混合组织"（Williamson，1991）"网络效应"（Gomes – Casseres，1994）"组织的网络形式"（Powell，1990）"组织网络"（Uzzi，1997）"灵活专业化"（Piore and Sabel，1984）等。尽管这些概念不尽相同，但是它们指的都是一种介于传统的市场和企业之间的协调机制。企业间网络虽已日益成为一种重要的组织形式，但管理学界对企业间网络的关注只是近二十年的事。就管理学界而言，加里罗（Jarillo，1988）的 On Strategic Networks 一文激起了许多管理学研究者对网络研究的兴趣，他把以合作和信任为基础的企业间网络视为企业持久竞争力的源泉。而诺里亚和埃克斯（Nohria and Eccles，1992）编写的文集 Networks and Organizations：Structure，Form and Action 则标志着网络研究进入一个兴盛时期（李新春，2000）。20世纪90年代末期，网络研究逐渐与多门学科结合，走向深入发展阶段。例如，古拉蒂（Gulati，1998）发表的 *Alliances and Networks* 以及马德哈文等（Madhaven et al.，1998）发表的 *Networks in Transition：How Industry Events（Re）Shape Interfirm Relationships*，这些学者都对以往网络研究做了回顾与发展。格兰多利（Grandori，1999）主编的论文集 *Interfirm Networks：Organization and Industrial Competitiveness* 非常强调对网络运行机制的理论探讨，同时强调网络的正外部性和负外部性，此外，该论文集对网络的考察不仅包括大量经济学的分析，还包括其他社会科学学科的观点。

2000 年以来，企业网络理论进入系统研究阶段，研究跨越了组织经济学、组织社会学和管理学三大领域，形成了众多理论流派。如以古拉蒂为代表的结合新经济社会学进行研究的经济社会学派、以加里罗为代表的用组织理论进行研究的组织学派、以里切特（Richter）为代表的文化学派、以波特（Porter）为代表的用企业簇群理论研究区域合作网络的区域经济学派和以摩尔（Moor）为代表的从生态观的视角进行研究的商业生态学派等（李焕荣和林健，2004；于江和尹建华，2009）。学者们也对相关的热点问题展开了研究，例如，就企业间网络的功能和效率边界的问题，一些学者借鉴企业战略管理相关理论，从资源基础观、知识基础观、社会逻辑观、组织学习理论等视角，指出企业间网络通过资源和知识的协同，能为企业带来竞争优势和基于合作的专有准租金（Ireland et al.，2002）；而另外一些学者（如 Williamson，1991；杨瑞龙和冯健，2003；彭正银，2003）则基于交易费用理论的基础，从资源专用性、不确定性程度、交易频率、企业能力、任务复杂性维度，指出企业间网络能够弥补单个企业能力不足、帮助企业完成复杂任务

（沈磊和张民，2008）。

但迄今为止，我们发现，在经济管理学科中，被一些学者称为"网络"的概念往往是理论意义上的，很少有分析性的内涵。本研究认为，主要原因在于企业网络更多地被看作是一种制度安排——介于市场和企业间的新型治理结构，而很少有人探讨它的拓扑结构，从而忽视了企业网络结构与功能的互动关系，故许多问题无法得到解答，如，为什么新思想、新方法无法在企业网络中广泛传播？为什么企业网络中的创新采纳可能趋同也可能多样化（赵正龙等，2008）？为什么在相同的企业间网络中，处于不同位置的企业绩效表现却不同？随着复杂网络理论的兴起，大量研究考察了真实社会网络的拓扑构型，如人际关系网络、公司董事网络、人类性交网络和邮件联系网络等，归纳出许多一般性的网络特征，并据此解释网络结构如何影响网络动力学过程（Newman，2003）。自此，基于复杂网络理论的网络结构与动力学研究逐步展开，并渗透到企业网络的研究中来，为解答上述问题提供了全新的视角和独特的研究方法（Barabasi，2005）。

2. 企业网络的功效

（1）降低交易费用

交易费用理论是解释企业网络形成原因的较传统的一种理论。合作的交易费用包括谈判和签订合约的费用、监督合约执行的费用，及对侵犯合同执行行为的惩罚处理费用等（Gulati，1995）。

以科斯（Coase）为代表的交易费用理论学者忽略了在企业之间可以通过相互交往而进行学习和创新从而降低交易费用的可能性。事实上，网络式创新是对传统的通过市场进行创新和通过层级式组织进行创新的一种补充。例如，企业网络是介于市场交易与层级制之间的一种组织形式（Therelli，1986），也被称为网络化组织。与市场相比，网络化组织可以更好地处理伙伴之间的关系，从而使伙伴间的关系更为稳固；同时，网络化组织又比层级式的企业组织更具柔性，因而，网络化组织能够显著地降低与市场或企业协调有关的交易费用（Williamson，1989）。交易费用理论认为当合作能够最小化交易费用时，合作即是比市场或层级式组织更有效的组织形式（Jarillo，1988）。因而，合作的目的在于有效地组织企业的跨界活动以使企业间交易和生产的成本之和最小化（Barringer and Harrison，2000）。

网络降低企业间交易费用的机制主要是通过在合作者间培育信任和深化分工而实现的。在市场中，交易有短期和长期之分，其中，短期交易是指发生一次即中止的交易；而长期交易是指经常性的重复交易，这种交易能够在交易双方之间建立一种长期的合作关系，从而把交易双方从经济、社会和情感上联系起来。事实上，企业间进行创新合作，本质上是在构建一个相对稳定的合作创新网络，在这种网络中，信息、技术和知识能够快速地在企业间进行传递，企业间的短期市场交易关系倾向于逐步演化为长期的以信任维系的关系。从长远来看，企业网络通过重复性博弈的历史和嵌入的社会关系使得交易双方彼此产生信任，而信任的建立有助于减少交易双方在法律和契约上的纠纷并减少机会主义行为，进而对降低交易双方的交易费用起到积极的作用[①]。此外，由于企业的交易发生

---

① 李胜兰（2008）将社会网络归为非正式制度之列，认为完善社会网络和丰富社会资本可以弥补市场和企业的失灵，解决管理困境的问题，降低交易成本，避免基于信息不对称和有限理性的机会主义行为。

在一个网络中，因而，会由于分工网络效应的存在而大大提高交易效率（杨小凯，1998），从而降低交易费用。

（2）获取资源

企业结成网络并不完全是为了降低交易费用，同时也是为了获得新技术和互补性知识等资源（Mowery et al.，1998）。资源观（RBV）能够帮助我们理解企业网络存在的意义。资源观理论认识到没有任何组织能够知道关于某一问题的所有解决方案，也不能知道所有选择方案可能产生的结果以及预见其他组织的意图和行动对其自身行为的影响。组织之间的劳动分工和专业化进一步加重了这些不确定性。因而，资源观理论认为组织应该设法从其所处的环境中获得资源支持，因为有价值的、稀有的、不完全可模仿的资源[①]是形成企业竞争优势的基础，同时使企业获得非同寻常的回报（Amit and Schoemaker，1993；Barney，1991）。企业是异质性资源的集合体（Wernerfelt，1984），持续的资源异质性尤其是对默会（tacit）知识优势性的占有，是企业竞争优势的潜在来源（Das and Teng，2000；Dussauge et al.，2000）。特别是在全球化日益升级和产品生产周期持续缩短的市场压力下，企业很难获得所有必需的资源来有效竞争，竞争本质上是一场学习上的较量，企业为了获取新机遇并学习新技术不可避免地要参与到企业间合作中来（Powell，1998）。提斯（1992）认为企业间进行形式多样的合作对于技术复杂度非常高的行业尤显重要。

企业网络深化了资源观的理论，因为企业网络本身就产生于特

[①] 资源包括由企业控制的资产、能力、流程、信息和知识，经由这些资源企业得以增强效能和效率。

定关系中，而关系自身就是有价值的、稀有的、不完全可模仿的资源。第一，有价值性。企业间网络通过集合成员的能力和资源使企业能充分抓住时机，对环境变化做出正确的应对之策；网络中的集体学习还可以促进成员企业的研发资产的积累并提高新产品的引进速度；特定的网络结构本身也能赋予网络中的企业竞争优势。例如，拥有足够多的弱关系并位于网络中心的企业具有高度的敏捷性，并能创造出较高的绩效；企业网络关系冗余越小，其竞争力越大（Gulati et al.，2000）。第二，稀缺性。企业间网络作为一种组织资源，所表现出来的能力无疑是稀缺的，不同的企业间网络由于成员构成的不同、建立时间的不同因而拥有不同的资源和能力。第三，不易模仿性①。由于知识共享行为本身就是一种无形资产，它所固有的默会特征以及因果模糊性，使企业间网络中的集体学习成为一种很难模仿的网络资源；从网络成员的特性来看，网络中的成员总是具有特质性的，其本身比网络结构更具有不可模仿性。因此，存在伙伴关系的企业总是比没有伙伴关系的企业拥有更大的利用关系资源的机会；伙伴拥有的资源和能力越丰富，与之发生合作的企业就拥有越多的难以模仿的有价的资源。

此外，企业参与并积极搭建网络还可获得以下资源优势：首先，通过合作网络的搭建，企业能够获得先前无法获得的信息、技术和市场等资源，并与其他企业联合开发新的资源。研究表明，获取资源是企业间进行合作的首要动因。例如，格莱斯特和布克雷（Glaister and Buckley，1996）发现，获得互补性资源，而不是共享

---

① 利普曼和卢密特（Lippman and Rumelt，1982）指出，资源和能力不可模仿的主要原因在于它们与竞争力之间的关系是"因果模糊"的，即竞争者无法彻底明白竞争对手的资源和能力与其所取得的竞争优势之间的关系。

风险和开发规模经济的利益，才是企业形成联盟的最主要原因，他们还发现，学习和动态利益的获取也促进了联盟的形成。达斯和腾（Das and Teng，1998）认为，企业间进行合作至少可以为合作伙伴带来如下四类资源——金融资源、技术资源、有形资源、管理资源。我国学者储小平（2004）也指出，通过网络关系融合社会金融资本和人力资本在家族企业创业和发展初期起着十分重要的作用。其次，另一些学者认为体验式学习（experimental learning）会产生独特、新颖的知识，这才是联盟形成的主要动因（Lei et al.，1996；Zahra et al.，1999），因为这种为了相互学习而建立的企业间联盟或合作关系能够克服企业自身资源储备的局限性（能力局限），并扩展企业对其核心能力的应用能力，由此提升竞争优势（Hagedoorn，1995；Mitchell and Singh，1996）。最后，通过合作，可以实现资源整合的利益。古拉蒂等（2000）认为企业间进行合作的主要动因是为了创建一支有价值的、稀有的、难于模仿的能力束（resource bundle），这种能力束可能将一家企业诸如技术资源的核心优势与另一家企业对特定市场占有和了解的互补性资源进行整合（Stuart，2000），从而实现资源整合的利益。此外，企业间合作还可以实现资源共享的利益（Das and Teng，2000），预防能力僵化（Floyd and Wooldridge，1999；Leonard - Barton，1992）。

（3）获取社会资本

社会网络理论认为企业的行为受企业所嵌入的社会环境的影响（Gulati，1999），企业的社会环境包括其与网络中其他参与者的直接和间接联系（Ahuja，2000），也包括嵌入于这些关系中的资源。一般将这些资源称为社会资本（Lin，1982）。社会资本是企业与其他拥有重要资源的企业间的关系，有效的社会资本是通过企业间长期的交互关系发展出来的，只能通过个体间的关系网络来建立，因此它也被称为"关系资本"（relational capital）。同时，社会资本是一种公共产品，依附于特定的关系，而不属于特定的个体（Kale et al.，2000）。

获取社会资本是企业网络的重要功效之一，社会资本对企业的利益主要是通过强化企业间资源交换和知识转移的程度来实现（Adler and Kwon，2002）。因为，社会资本本身就是一种吸引企业在网络中寻找其他企业资源的资源，这种寻找资源的活动使企业暴露于更广阔的资源背景下，并有助于企业开发新产品和技术（Ireland et al.，2002）。此外，与杰出的企业建立联系能够赋予企业潜在的有价资源，企业通常会选择拥有显著社会资本的企业作为合作对象，从中获得嵌入于网络中的资源（Chung et al.，2000）。网络中的企业间合作也有利于合作双方间的相互信任和交互行为的发展，而信任和交互又进一步推动了社会资本的形成（Kale et al.，2000）。

2.2.2　社会资本理论

社会资本理论是社会网络理论的重要分支之一，自从"社会资本"概念被引入学界以来，它表现的强大解释力已经得到了越来越多研究者的青睐，来自不同学科背景的学者们都在尝试着运用社会资本概念解决本学科内的问题。社会资本是社会网络的生产性结果之一（Grabby and Leenders，2001），对于理解网络位置利益具有一定的启示。

1. 社会资本的内涵

社会资本的概念最初应用于社区研究中用来描述嵌入于社区人际关系中的关系性资源（Jacobs，1961），自此，社会资本概念被广泛地应用于一系列的组织内和组织间问题的研究（Burt，1992；Nahapiet and Ghoshal，1998）。尽管关于社会资本尚无统一的定义，但网络社会学领域的开创性研究已经发展出了关于社会资本的几大定义（如 Coleman，1990；Burt，1992；Putnam，1993）。

真正将"社会资本"作为一个明确的概念提出并运用于社会学研究领域的学者是法国社会学家布迪厄（Pierre Bourdieu）。布迪厄将社会资本定义为一种通过对"体制化社会网"的占有而获取的、实际的（actual）或虚拟的（virtual）资源集合体。这种"体制化社会网"与某个团体的会员制相联系，获得这种会员身份就为个体赢得"声望"，并进而为获得物质或象征的利益提供了保证。社会资本与经济资本、人力资本一样，是构成资本的"基本形态"之一（Bourdieu，1986）。美国社会学家林南在对个人社会网络（social network）的研究中发现，个人在从事有目的的行动时，可以从自己的社会网络中获得对自己有利的资源，他据此提出"社会资源"（social resource）理论，将社会资源定义为那些嵌入在个人社会网络中，不为个人所直接占有，而是通过个人的直接或间接的社会关系而获取的资源总和（Lin，1982）。在后来的研究中，林南指出社会资本也是一种社会资源，有关社会资本的理论均应建基于社会网络分析的基础之上（Lin，1999），他认为社会资本理论始于整体网络这一集体性资产以及特定行动者的结构和位置的嵌入。美国社会学家科尔曼（James Coleman）也是推动社会资本理论发展的一个重要人物，他对社会资本进行了比较系统和全面的论述，他认为，现代社会的一大优势在于即使人是流动的，但组织仍然可以为社会提供稳定性。"组织的社会性发明使得位置（position）而不是个人成为结构的基本要素，从而提供了一种能够在个体不稳定的情况下维系社会稳定的一种社会资本"（Coleman，1990）。"社会资本可以由其功能来定义。它不是一个单独的实体，而是由多种具有以下两个共同特征的实体所组成：它们由某些方面的社会结构所组成，而且它们有利于处于结构之中的个人的特定行动。……当人们之间的联系发生了有利于行动的变化时，社会资本就产生了（Coleman，1990）。"这一定义有三点启示：首先，社会资本就是社会结构中的"某些方面"，或是有助于"做成某事"的社会关系的变化。其次，他将社会资本明确为一种社会结构性因素，这就为社会资本理论从微观向宏观的发展提供了必要基础。最后，社会资本产生了行动，而这些行动可以带来资源。

美国政治学家帕特南（Robert Putnam）第一个尝试将社会资本概念应用于更为广泛的社会范围，帕特南认为社会资本是社会组织中的那些表现为网络、规范和信任的特征，这些特征能促进成员为达到共同利益而团结合作，并减少群体内部的机会主义行为。在帕特南看来，社会资本已不再是某一个人拥有的资源，而是全社会所拥有的财富，一个社会的经济与民主发展，都在很大程度上受制于其社会资本的丰富程度（Putnam，1993，1995）。帕特南的论述在政治学界引起了强烈的反响，导致学界和公众就社会资本与公民社会、民主政治的关系等问题展开了广泛的讨论。与此同时，经济学界也对社会资本表现出了相当的兴趣，经济学家们所关注的是在人们的社会互动过程中形成的规范、网络如何对经济发展产生积极的作用。日裔美国经济学家福山（Francis Fukuyama）在其 *Trust：The Social Virtues and the Creation of Prosperity* 一书中将在社会或群体中成员之间的信任普及程度视为一种社会资本，并认为社会的经济繁荣在相当程度上取决于该社会的信任程度（他将之称为该社会的"社会资本"）（Fukuyama，1995）。在其后的 *The Great Disruption：Human Nature and the Reconstitution of Social Order* 一书中，他还进一步论述了各国社会发展过程中社会资本的变化情况及其社会后果（Fukuyama，1999）。

认识到社会资本在经济发展与消除贫困中的作用，世界银行自1996年以来在世界各地开展了一系列旨在研究经济发展过程中社会资本作用的研究计划。参与研究计划的研究者们指出，所谓社会资本，就是存在于社会之中的一组规范、社会网络与社会组织，人们借助它们可以获取权力与资源、进行决策或制定政策，它"不仅是社会的支撑制度，也是维系社会的纽带"，社会资本对于发展计划的实施效果和可持续性都起着至关重要的影响。

尽管学者们分别从不同的角度对社会资本进行了定义，但阿德勒和权（Adler and Kwon，2002）认为，人们对于社会资本概念的理解并没有实质的差异，差异仅在于各种定义的焦点是行动者间的关系、群体内部行动者间的关系结构还是两者皆有。据此，他们将社会资本分为外在的、内在的和内外结合的三种类别：①外在的社会资本将社会资本视为嵌入于网络中并将焦点行动者与其他行动者联系起来的一种资源，因而存在于焦点行动者的外部联系中，这种类型的社会资本能够解释个体在竞争性环境下成功的差异。②内在的社会资本关注群体内部行动者间的关系结构，研究群体凝聚力对群体目标实现的影响。③事实上，外在的社会资本和内在的社会资本只是在研究视角和分析单位方面存在差异，例如，某一雇员及其同事间的关系对于这个雇员来说是外在的社会资本，但对于企业来说却是内在的社会资本。此外，外在的社会资本和内在的社会资本并不是完全排斥的，一个行动者的行为同时受外在的社会资本和内在的社会资本的影响，因而行动者有效行动的能力应该是两种社会资本的函数。据此，可将外在的社会资本和内在的社会资本结合起来，命名为内外结合的社会资本。

2. 社会资本的维度及各维度功能

纳哈皮特和高沙尔（Nahapiet and Ghoshal，1998）将社会资本视为现实和潜在资源的总和，这些资源嵌入于个体或社会单元的关系网络中，可从这些关系网络中获得，并且产生于这些关系网络。他们识别了社会资本的三个维度——结构的社会资本、关系的社会资本、认知的社会资本。结构的维度关注网络连带、网络结构和专属组织（appropriable organization）①；关系的维度关注信任、规范和认同；而认知的维度包括社会团体共享的语言和故事。学者们分别从这三个维度对社会资本的功能进行了探讨。

社会资本的结构维度涉及企业间关系的形式和结构（Inkpen and Tsang，2005），企业间关系的形式和结构因不同的网络而定，在不同的网络形式和结构下，企业所能获得的社会资本量依赖于其在关系网络中所处的位置。我国学者罗家德（2005）认为两种

---

① 专属组织：基于特定目的建构的网络，得以转为其他目标服务的组织特性。

网络位置对社会资本的形成最为有利——中心位置（central positions）和居间位置（go-between positions）。多项研究表明拥有较多社会关系的企业更有可能获得相关的知识，并通过社会关系来强化信息处理的能力（Hansen，1999）。那么，在整个由错综复杂的关系构成的网络中，中心化的位置自然使得个体更能够获得相关的知识或信息，能够轻而易举地分享到其他企业的多样化知识（Tsai，2001），此为中心位置带来的利益。此外，社会系统中的许多成员都会从诸如守门人（gatekeepers）或经纪人（brokers）的位置中获益。守门人通常拥有接近组织高层的机会，因而能够获得更多的财富、影响和对组织资源的使用权力；而经纪人通常都把两个隔离的簇群联系起来，因而对通过这两个簇群间的资源拥有更强的控制力。

社会资本的关系维度是指关系本身的特性以及嵌入于关系中的资本（Tsai and Ghoshal，1998），也有学者将关系维度视为关系的强度与信任。关系强度指合作者关系的亲密程度，它与交互沟通的频率有关（Hansen，1999）。研究表明，强关系会带来更多知识转移（Reagans and McEvily，2003；Rowley et al.，2000），因为强关系使得企业更愿意投入努力以确保知识搜寻者或接受者充分理解并应用新获得的知识（Hansen，1999）。除了关系强度，还有研究对嵌入于关系中的信任展开了讨论。信任是对合作者的言语或承诺具有可靠性且合作者在关系中将会完成其责任的一种信念（Inkpen，2000），合作者间的信任有助于知识转移（Lane et al.，2001；Szulanski et al.，2004）、有助于资源共享与交换，因为信任能够激发合作伙伴帮助其他合作者理解外部新知识的意愿（Lane et al.，

2001）。但也有一些研究得出了相反的结论，认为高度的信任或许会导致集体盲目（collective blindness），并阻碍知识的交换和组合（Lane et al.，2001；Yli – Renko et al.，2001）。

社会资本的认知维度指能够提供共享的理解、解释和含义系统并嵌入于关系中的资源（Nahapiet and Ghoshal，1998），具体表现为有助于理解集体目标并在社会系统中正确行事的共同的愿景和价值观（Tsai and Ghoshal，1998）。研究表明，共同的愿景、系统以及文化差距是影响企业间知识转移的重要的社会关系认知因素（Inkpen and Tsang，2005）；共享的愿景和系统还能够促进相互理解并提供一种有助于行动者整合知识的黏合机制；此外，组织结构、薪酬政策、支配性逻辑（Lane and Lubatkin，1998；Mowery et al.，1996）等认知因素的相似性也有助于企业间知识转移和共享等活动。

2.2.3 社会网络创造社会资本的两大观点

相对于网络降低交易费用和获取资源的功效，社会网络创造社会资本的利益一直是学界讨论的热点。社会资本是由社会交互而形成的一种利益、价值或资产，它是社会网络的生产性结果之一（Gabby and Leenders，2001）。关于社会网络如何创造社会资本一直存在两类观点：一类是博特（Burt，1992）的结构洞理论（Structural Hole Theory），该观点提倡稀疏网络（sparse networks）创造社会资本；另一类是考勒曼（Coleman，1990）的社会闭合理论（Social Closure Theory），该观点提倡密集粘着网络（dense cohesive networks）创造社会资本。事实上，稀疏网络和密集粘着网络创造社会资本这两种观点并不矛盾。因为，在稀疏网络中，通过把结构洞桥接在一起，中间人可以实现价值，但这个过程通常还需要获得被桥接的两个行动者/群体的信任，而信任恰恰是靠网络的闭合性保证的。所以，博特（2004）指出，当信任占据优势时，网络闭合性就会创造社会资本；现实的行为通常是"群体之外的经纪行为和群体之内的封闭关系的产物"（Oliver et al.，2007）。

1. 结构洞理论

博特（1992）的结构洞理论被约翰逊（Johanson，2001）称为工具性方法①。结构洞偏好于这样的节点，即能用最少的关系投资联系起一批有权势且彼此稀疏相连的行动者的那些节点。因此，稀疏网络中更可能涌现出结构洞。博特对于稀疏网络的论述是基于这样的假设，即网络中的结构洞扮演桥接网络中各节点以接近新信息、知识和资源的作用。结构洞是网络中两个行动者间的非冗余联系（Burt，1992），稀疏联结的网络中的某些节点充当桥接的作用，因而能够向网络中的其他成员提供获得非冗余资源和信息的机会。占据结构洞位置的行动者是能够桥接两个彼此不相连网络的节点（如图2-1所示），因而该行动者实际上占据了一个优势性的位置，这一位置允许行动者挖掘竞争性环境下彼此分离的网络带来的机会。

---

① 社会资本理论将行动分为工具性（instrumental）和表达性（expressive）两种。工具性行动是指为了实现某个特定目的而采取的行动，典型的实现工具性行动的网络是富含"结构洞"的网络。相反，表达性行动是指为了自己的兴趣而采取的行动，典型的实现表达性行动的网络是"闭合网络"，其中，由于行动者间强联系的存在，使得表达性行动更容易实现，因为行动者间在社会经济特征、生活模式和态度上存在同质性。

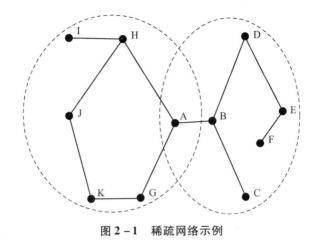

图 2-1　稀疏网络示例

拥有结构洞的稀疏联结的网络能够提供几类不同的利益。除了简单地获得非冗余的资源和信息外，希金斯（Higgins，2001）认为拥有大量非冗余联系的行动者也会拥有更多的机会和更强的能力来改变他们的职业，为未来的职业提升带来机遇，也为垂直职业晋升提供机会。在高度竞争性的劳动力市场上，博特（1992）也认为处于稀疏网络中的行动者会展现出高水平的非冗余性，从而导致更高速率的职业晋升。这一利益在高度竞争的环境中尤其如此。

总之，结构洞代表由至少三个行动者之间关系构成的一种特殊结构，这种结构可能为中间人带来利益，因此，这种结构就会成为社会资本，其中间者扮演着中介人（broker）角色。结构洞创造社会资本的关键机制在于中间人在两个不同群体之间建立关系。"群体内的观念和行为要比群体间的观念和行为更具同质性，所以跨群体之人会更熟悉另类想法和行为，因而拥有更多观念选择的机会……这种视野优势恰恰是经纪行为变成社会资本的机制"（Burt，2004）。

2. 社会闭合理论

考勒曼（1988，1990）持有相反的观点，他认为社会闭合理论创造社会资本，这一观点被约翰逊（2001）称为社会资本的表达性（expressive）方法。社会闭合理论认为，粘着网络也即紧密联结（densely connected）的网络（如图2-2所示）能够提供巨大的价值，因为网络中成员由于信任而紧密连接在一起，由此导致组织中的成员通过共享知识和资源等而实现互助互依。考勒曼社会闭合理论的核心元素是信任（trust）、期望（expectation）和互惠义务（reciprocal obligation）。

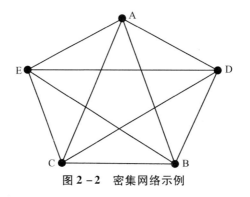

图2-2 密集网络示例

约翰逊（2001）的表达性方法认同社会闭合理论，并认为粘着网络能够在网络成员间培育信任和相互的义务（Coleman，1988；Putnam，1995）。根据社会闭合理论，社会网络产生的价值或利益与网络内成员间形成的互惠的关系数目相关。随着网络中互惠的联结数目的增多，网络能够为它的成员提供更多的社会资本。

考勒曼认为信任是发展社会资本的有机组成部分，但信任不像商品，它不能通过买卖获得，也不能强行施加于某人，因此形成有利于培育信任的网络条件对于创造社会资本非常重要。在密集粘着网络中，网络成员间的信任使得对于互惠行为的期望成为可能；企业能够获得一种社会资本，这种资本有助于开发可接受的行为及有关行为信息传播的规范（Walker et al.，1997）。因为，密集网络中，企业间建立起紧密的联系，有关某一或某些企业机会主义行为的信息能够很快在网络中传播，从而使这些企业受到制裁，因而密集网络中企业间信息的频繁交流将会促进合作规范以及信任的形成，处于网络中的企业也都将从网络的信誉构建机制中受益。这种规范行为的信誉机制将会代替正式和法定的契约，以及监控和实施这些契约的活动，从而节约交易费用（Nooteboom，2002）。

粘着网络除了通过降低交易费用为成员提供经济上的利益外，还提供其他重要的利益。佩斯考索李多和乔治安娜（Pescosolido and Georgianna，1989）认为相比于成员间缺乏凝聚力的非整合的（non-integrated）网络，更加粘着的网络能够为成员提供更多的社会支持机制，这些社会支持机制能够提供一些有助于消除社会和心理压力的资源（Lin and Ensel，1989）。此外，从网络中获得更多社会支持的个体更有可能创造出突破性创新（Monge and Contractor，2000）。上述这些利益不但为个体成员提供显著的价值，同时也为整个网络提供价值。

3. 网络位置与社会资本

无论网络是闭合的还是开放的，由于网络内的结构是不均衡的，其中某些区域（region）的节点可能联系格外紧密，而某些区域的节点之间甚少联系，因而企业在网络中占据的位置是决定其所能获得的社会资本的重要因素之一。例如，沃克尔等（Walker et al.，1997）认为如果企业占据的位置正好位于联系比较密集的网络区域，那么，企业可获得的社会资本就比较高，相反，如是企业占据的位置处于联系比较松散的网络区域，那么，企业可获得的社会资本就比较低。因而，企业所能获得的社会资本由其在网络中所处的位置决定。罗家德（2005）认为两种位置对于企业获取社会资本最为重要：①中心位置。越是处于网络中心的位置，就越可能获得越多与群体中其他成员联系的机会；中心位置赋予个体正式的权力或非正式的社会影响（Brass and Burkhart，1992），这些都会创造出更好地控制外部环境并降低不确定性的机会。因此，个体占据的中心性网络位置将决定其拥有的社会资本量（Borgatti et al.，1998）。②居间位置。如果网络中的两个行动者之间的交互必须通过第三方，那么这个第三方就是拥有更多社会资本的行动者，因为他能够更好地操控这两个行动者所拥有的资源（Burt，1997；Prell，2003）。博特（1992，2000b）发展了中心性网络位置对于个体所拥有的社会资本的影响研究，他还发现，处于高度居间位置的行动者比其他行动者可能获得更快的晋升机会，因为这一位置可以为行动者提供战略优势，对于控制信息流动而言至关重要。以咨询网络为例，咨询或建议关系一般包含了信息的流动和知识的传播（Nahapiet and Ghoshal，1998），它可以同时为事务交谈提供有用的信息。因此，如果某人在一个建议网络中处于居间的位置，他/她就可以及时地获取重要的信息和知识，特别是在那些信息是一种有价值资源的环境中更是如此（Luo，Chi and Lin，2002）。与此同时，交换这种类型的社会资源还可以在交换双方之间产生信任，进一步强化了社会资本的形成。①

---

① 布劳（Blau，1964）认为，社会交换与经济交换不同，在社会交换中，个人不能预测得到实时的回报，因此他/她必须寄希望于对方的善意并预期能在未来得到回报。在一系列成功的社会交换过程中，交换双方最终建立起彼此的信任，这正是格兰诺威特（Granovetter）所谓的"真实信任"。

2.2.4　社会网络分析方法

1. 网络分析方法理论沿革

网络分析有助于我们描述并刻画系统的结构，目标在于从网络的二方、群体、组织层面对结构进行分析和描述（Wigand，1988）。社会网络可以简单地称为行动者之间连接而成的关系结构。"一个社会网络是由有限的一组或几组行动者及限定他们的关系所组成的"（Wasserman and Faust，1994）。直观来讲，社会网络就是由所有被研究的点对之间的相关连带构成的图，在这些图中节点用点表示，连带用线表示。各个节点以及节点之间的联系（例如研发合作）构成了"网络结构"，这种结构对行动者的行为、思想以及态度产生重要影响。而"社会网络分析"是将网络分析技术应用于社会学领域，对社会网络进行编码和分析的一系列方法与工具。[①] 社会网络分析的最基本单元是二方组[②]和三方组[③]，它们分别代表成对节点和三个节点及节点之间的关系。网络层面的概念主要有密度、中心势（centralization）、派系、成分、职位、结构同型等（Scott，2000）。社会网络分析方法是一个多层次的方法——节点反映了个体层次的资料分析，关系反映了二方层面的资料分析，而网络结构的测量则涉及组织或网络层面的资料分析。社会网络分析方法的最

---

① 常规的统计学、社会统计学可用来分析属性数据和变量，而社会网络分析则尤其适用于分析关系数据及网络变量。

② 二方组是由两个节点（行动者）及其间的可能关系构成。例如，友谊二方组包含两个朋友及两个朋友之间的关系。二方组的特征通常包括自反性（reflexivity）、对称性（symmetry）和传递性（transitivity）（Wasserman and Faust，1994）。

③ 三方组是由三个节点（行动者）及其间可能存在的关系构成的一个点生子图。

大贡献或意义在于它是一种新的社会科学研究范式。达文（Davern，1997）将社会网络分析的视角概括为四个：①结构视角关注网络内行动者及其关系的几何形态及关系强度，行动者间的关系形态差异导致网络内出现完全不同的资源和权力分布，该视角是网络分析的基石。②资源视角则关注网络中行动者的特征差异，如能力、知识、性别、种族、阶层等，行动者的特征决定了他们能够利用的网络资源数量，从而决定他们成功的可能性；③规范视角也关注关系类别，关注由关系维系起来的社会角色（如雇主与雇员关系、朋友关系、亲戚关系等），但该视角更看重特定网络内的准则或规范对于行动者的影响和制约，不同的网络规范有着不同的经济和社会后果；④动态视角认为网络处于持续变化当中，而任何网络模型都必须体现出这种变化，因此，该视角将关系形成及网络结构演化面临的机会和约束等因素考虑在内，从网络的变迁角度来考察行动者行为的差异。

事实上，社会网络分析早在 20 世纪 30 年代就在心理学、社会学、人类学以及数学领域中发展起来。一般认为，英国人类学家布朗（A. R. Radcliffe - Brown）首次提出了"社会网络"的概念（1940），但这时的"网络"只是一个隐喻。在社会网络分析的发展中，早期主要有三条发展主线（Scott，2000）：①受 M. 柯勒（Kohler）的"格式塔"（Gestalt）理论的影响，美国社会心理学家莫雷诺（Jacob Moreno）于 20 世纪 30 年代创立社会计量学（sociometric），发明了以点和线代表个人关系的"社群图"方法，为社会网络分析奠定了计量分析基础。莫雷诺的主要贡献是用"社群图"（socialgram）方法来反映社会构型的关系属性，该方法类似于几何图，用"点"表示个人，用"线"表示个体之间的社会关系，可以表明人际关系的结构。社会计量学在研究过程中产生了一系列网络分析概念，如紧密性、网络中心性等。②受布朗思想的影响①，美国哈佛学派的人类学家和社会学家致力于社会系统中结构要素的互依性研究，强调在任何社会系统中的非正式的人际关系的重要性，并在"派系"（cliques）形式研究方面做出了贡献。这方面的代表人物有沃纳（W. Lloyd Warner）、梅奥（G. E. Mayo）、霍曼斯（G. Homans）等。沃纳和梅奥于 20 世纪 20～30 年代运用社群图进行了著名的"霍桑实验"，这一实验的目的是反映群体结构，即用社会关系图来表示群体中的非正式关系，从而说明非正式群体的作用。沃纳还做了"杨基城"研究，进一步发展了对群体关系研究的方法。霍曼斯在上述研究的基础上，在小群体研究方面做出了突出成就。他对小群体的结构和功能做了研究，侧重分析群体结构及个体在群体中的位置关系。在研究方法上，他把社会计量学与群体动力学结合起来，从而使小群体研究在理论和方法上都有了很大进展。霍曼斯还首次使用了社会网络分析的"矩阵重组"方法②分析了以往群体研究的有关数据资料（林聚任，2009）。③如前所述，布朗的"社会网络"的概念只是一个隐喻，但从英国曼彻斯特学派开始，社会人类学家就开始把社会网络的隐喻转化为系统的研究（张文宏等，1999）。这方面的代表人物有巴恩斯（John Barnes）、鲍特（Elizabeth Bott）、米切尔（Clyde Mitchell）、格卢克曼（Max Gluck-

---

①　布朗是英国现代社会人类学的奠基人之一，结构——功能主义的创始人。他把制度看作是保持一个社会秩序的关键要素，并且通过对社会功能的研究，分析了各种风俗习惯和制度是如何帮助一个社会保持稳定的。作为结构功能主义的拓荒者，他的制度研究思想和研究方法对后来的人类学、社会学有着很大的影响。

②　"矩阵重组"方法类似于"块模型"法（block modeling），用来分析网络的群体结构。

man）等。该学派应用社会网络概念进行了大量研究，把结构看作一种关系网络，并把网络分析的形式化技术与抽象的社会学概念结合起来。该学派特别强调社会系统中的冲突和矛盾，用这一思想研究了美国的部落社会和后来的英国乡镇的"共同体"关系结构。

尽管 20 世纪 30 年代后社会网络分析在理论和方法上取得了一定的成就，但直到 20 世纪 60 年代末才出现社会网络分析在方法论上的重大突破，以哈佛大学怀特（Harrison White）等学者为代表的"新哈佛学派"开始从数学角度进行社会结构研究，开创了社会网络分析的新篇章。这一时期，社会网络分析方法的发展在技术上大大依赖于数学方法的应用，如集合论和多维尺度技术的发展。在新哈佛学派中，格兰诺威特（Mark Granovetter）的研究也相当具有影响力。格兰诺威特把关系纽带分为强弱两类，认为强关系与弱关系在人与人、组织与组织、个体与社会系统之间发挥着不同的作用。强关系主要维系群体、组织内部的联系，而弱关系则在人与人、组织与组织之间建立起纽带联系，同时还充当信息桥的功能①。怀特和格兰诺威特等人所主张的网络结构观不同于以往的地位结构观，他们反对通常把人按其类别属性进行分类并用范畴属性解释行为的做法，认为人与人、组织与组织之间的纽带关系构成了真正的社会结构。这实质上是区分了地位结构观与网络结构观，关于地位结构观与网络结构观的不同，边燕杰（1999）总结了五个方面：①地位结构观关注个体的属性特征（如年

① "桥"的概念与"关系强度"有一定的联系，因为强关系（如长期的、重复的以及密切的关系）不属于"桥"，只有弱关系才有可能成为"桥"（罗家德，2005）。根据格兰诺威特（Granovetter，1973）的观点，弱连带往往是内部紧密相连的团体之间的桥梁，因此成为独特信息和资源的来源。实际上，格兰诺威特（1973）发现，与强关系相比，弱关系更可能是信息的来源，较远的及非频繁的关系（如弱关系）通常比封闭及频繁的关系（如强连带）对组织学习更有效，因为强关系更有可能存在于一小群行动者内，每一个行动者都知道其他行动者所知道的东西，因而强关系更有可能导致冗余信息并阻碍组织学习。

龄、性别等）；而网络结构观关注个体与其他个体的关系性质（如朋友、亲戚、熟人等）、强度（强关系还是弱关系）、规模、密度等特征。②地位结构观将个体按其属性特征分类，而网络结构观将个体按其社会关系分类；③地位结构观注重人的身份和归属感，网络结构观注重人的社会关系和社会行为的"嵌入性"；④地位结构观强调人们是否占有和占有多少资源，网络结构观强调人们对资源的获取能力；⑤地位结构观将一切都归结为地位，网络结构观强调网络中心位置、个体网络资源的多寡和优劣的重要性。

20 世纪 90 年代以来，社会网络分析有了迅速发展，这种迅速发展首先体现在相关的研究成果大量涌现。90 年代以来，西方学者拓展了结构分析观，其中，突出的代表性成果是博特的结构洞理论、林南等人的社会资本理论。这在本章第 2 节中已有所论述。

总之，自（Moreno，1934）提出"社群图"以来，社会网络分析已经成长为一个拥有一系列方法、测量及工具的集合体，这为学者们描述和分析社会网络及社会结构提供了很大的便利（Wasserman and Faust，1994；Scott，2000；Carrington et al.，2005）。社会网络分析最主要的方法基础是图论，网络资料的编码和处理则主要依赖于矩阵代数。社会网络分析已经成为现代社会学、人类学、地理学、社会心理学、信息科学、组织理论等学科研究的一项关键技术，基于网络的模型和方法有助于研究者解决一系列的问题。

2. 网络分析的相关概念

（1）节点、行动者

社会网络分析中所说的"节点"（nodes）是各个社会行动者（social actor），"边"是行动者之间的各种社会关系。在社会网络研究领域，任何一个社会单位或者社会实体都可以看成是"节点"，或者"行动者"。例如，行动者可以是个体、公司或者集体性的社会单位，也可以是一个学校、学院，更可以是一个村落、社区、城市、国家等。并且这些行动者都可以看成是"节点"。

（2）自我、他我

从某一特定行动者的角度来看，该行动者被称为"自我"（ego），该行动者所在的社会网络被称为他的自我网络。在自我网络中，任何与自我直接相连的行动者都被称为"他我"（alter）。

（3）关系、连带

关系（relation）可以是多种类型的，如交换关系、情感关系、权威关系、亲属关系等等。连带（tie）常常代表的是行动者之间的具体的实质性联系，是现实当中的真实关系，①"连带"不属于任何单一的个体（Wasserman and Faust，1994）。

（4）路径、捷径、距离

要了解路径（path）的概念必须首先掌握途径（walk）、步径（trail）的概念。途径由一系列的节点与线组成，开始于一节点，终止于一节点，且所有节点与线皆相连。以图 2 - 3 为例，A—D—F—D—H—D 就是一个途径。这个中间的所有节点都有线相连。步径则是我们在走一个途径时，没有经过同一条线。简言之，步径是所有线段都不重复的途径。仍以图 2 - 3 为例，B—E—G—B 是一个步径，B 节点虽然重复了两次，但是线没有重复。路径是所有节点和所有线段不重复的途径。以图 2 - 3 为例，A—D—H 即是一个路径。捷径是两节点间最短的路径，它基于路径，也就是不能走重复的线

---

① tie 区别于 relation。relation 可以指各种各样的关系，包括现实的关系和虚拟的关系。

和节点，但同时要挑选出最短的一条路径。以图 2-3 为例，A 到 H
一共有两条路径，A—D—H 和 A—C—D—H，显然，A—D—H 是最
短的路径，也是 A 到 H 的捷径。

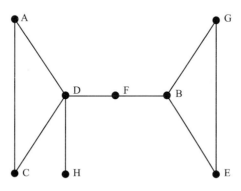

图 2-3　途径、步径、路径、捷径范例

距离（distance）就是某一节点走到另一节点的路径中至少要经
过多少条线的总数，简而言之，即两节点之间的捷径上线的总数。
例如，由图 2-3 可知，A 到 H 的距离是 2。

（5）中心性

在社会网络分析中，中心性是衡量个体行动者在网络中重要性
的概念工具，可以用来评价个体节点的重要性、衡量其网络位置的
优越性以及社会声望等。巴弗拉斯（Bavelas，1948）对中心性的形
式特征进行了开创性研究，验证了如下假设，即行动者越处于网络
的中心位置，其影响力越大。20 世纪 50～70 年代学者们对这一概
念进行了发展，并提出了许多测量中心性的指数（measures）。中心
性是社会网络分析的重点之一，几乎所有与社会网络相关的经验研
究都试图在网络中识别出最重要的行动者（Everett and Borgatti，

2005）。网络中心性常被用来检测网络节点取得资源/信息、控制资源/信息的可能性（Wasserman and Faust，1994；Sparrow et al.，2001），处于网络中心位置的个体由于与其他个体拥有大量的联结，因此在获得资源方面可以动用更多的关系，也因此更少依赖于单一的其他个体（Cook and Emerson，1978）。中心性不仅使个体拥有接近和获取其他个体所拥有的信息的机会，还强化了个体控制资源的能力，因为在涉及信息交换时，中心性的个体能够从相互替代的其他个体间进行选择（Cook and Emerson，1978；Sparrowe，2001）。此外，中心性与群体效率有关，也与参与群体的个人的满意度有关。一些学者利用中心性概念解释更复杂的社会系统，认为这一结构性特征最常与工具性的结果相关联。例如，有学者利用它来研究员工的社会影响和晋级的可能（Brass，1984）、决策影响力（Fried-ken and Johnson，1998）、获得资源和机会的非冗余信息（Roberts and O'Reilly，1979）、创新（Powell et al.，1996；Ahuja，2000；Tsai，2001）等。

目前，对网络中心性的测量方法比较多，但较常见的主要有程度中心性（degree centrality）、中介中心性（betweenness centrality）和接近中心性（closeness centrality），这三类指标都反映节点处于网络中心位置的程度，但是计算方法和内涵不同（Wasserman and Faust，1994）；此外，特征向量中心性（eigenvector centrality）近年来也得到了学者们的应用（Salman and Saives，2005）。以下对这四类中心性概念一一进行介绍。

程度中心性。肖（Shaw，1954）首先提出了用度数（degree）来衡量节点中心性的方法。程度中心性是根据联结度数衡量节点处于网络中心位置的程度，是与某一行动者直接相连（一阶联系，first-degree ties）的其他行动者的总数（Freeman，1979；Wasserman and Faust，1994）。该指标可用来衡量一个节点控制范围的大小，程度中心性越高者，表示其在网络中与较多的节点有关联，越处于网络的中心，其拥有的非正式权力和影响力也较多。程度中心性越低者，通常处在网络的边缘，在关系构建方面表现不够积极。正如瓦瑟曼和法斯特（Wasserman and Faust，1994）所述，拥有较高程度中心性的行动者正是网络中的"行动所在"。由图 2 - 4 可知，在星形网络中行动者 A 显然是最活跃的，因此拥有最高的程度中心性。与星形网络相比，图 2 - 5 环形网络中没有一个行动者比其他行动者更活跃，其中，所有的行动者都是互相可替代的，因此所有行动者拥有相同的程度中心性。由此可见，程度中心性能够揭示出网络中最显露的（visible）行动者，这一行动者通常作为信息沟通的主要渠道，作为网络内传递和收集信息的一个关键部分。

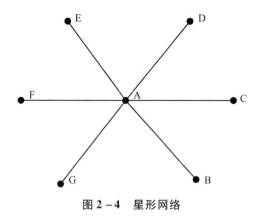

图 2 - 4　星形网络

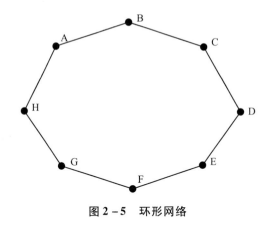

图 2 - 5　环形网络

程度中心性的计算如公式（2 - 1）所示。

$$C_D(n_i) = d(n_i) = \sum_j X_{ij} = \sum X_{ji} \qquad (2-1)$$

其中，X_{ij} 是 0 或 1，取 1 代表行动者 i 与行动者 j 之间有关系，取 0 代表行动者 i 与行动者 j 之间没有关系。

中介中心性。由直觉可知，一个创新网络中，如果一个节点处于其他节点交往的路径上，也就是说，网络中一个节点和其他节点交往时都要经过这个节点，那么，这个节点在这一创新网络中就占据了操控资源流通的关键性位置（Burt, 1992），也即中介地位，因为它具有控制其他节点之间交往的能力。因此，另一个刻画行动者个体中心性的指标是中介中心性，它衡量某一特定行动者为网络中其他任一对行动者扮演潜在"中介人"的程度，该行动者通常位于连接两个行动者的最短路径上（Kilduff and Tsai, 2003）①。关于中

_____

① 费里曼根据"局部依赖性"（local dependency）概念对中介中心性做了分析，他指出，如果连接某一点同其他一些点的路径经过此点，则此点依赖于后一点。后来，博特用"结构洞"概念对此做了解释，即当两个点以距离 2（而不是 1）相连时，则称二者之间存在着一个结构洞。结构洞的存在使得第三者扮演经纪人或者中介人的角色。

介中心性的思想最早可追溯到巴弗拉斯（1948），他提出当一个个体在战略上处于连接其他成对个体沟通的地位时，该个体即是中心性人物，占据这种位置的个体能够通过限制或扭曲信息传递来影响团体。

令 g_{jk} 是连接两个行动者的捷径数目，使用这些捷径中任意一条的概率为 $\dfrac{1}{g_{jk}}$，如果考虑两个行动者之间的捷径经过行动者 i 的概率，我们就可以令 $g_{jk}(n_i)$ 为两个行动者间包含行动者 i 的捷径数。弗里曼将经过行动者 i 的概率估计为 $g_{jk}(n_i)/g_{jk}$，他认为如果两个行动者之间的所有捷径中任意一条被选中的概率相等，那么，第 i 个行动者中介程度的指数就可以表示成除行动者 i 以外的所有点对之间经过 i 的捷径的概率和。公式如下：

$$C_B(n_i) \ = \ \sum_{j<k} g_{jk}(n_i)/g_{jk} \qquad\qquad (2-2)$$

对于不同于 j 和 k 的 i，这个指数度量了行动者扮演中介人的程度。当 n_i 不在任何点对之间的捷径上时，这一指数的值最小，为 0，意味着该点不能控制任何行动者，处于网络的边缘；这一指数的最大值取 $C_{g-1}^2 = (g-1)(g-2)/2$，即等于所有不包括 n_i 在内的其他点的点对组合数，在如图 2-4 所示的星形网络中才会出现这种情况，其中，位于网络中心位置的行动者 A 处于其他行动者交往的中间，他控制着整个图的路径，具有这种位置特征的行动者具有在网络中充当中介人和守门人角色的潜能（Freeman，1979），他们比其他中介中心性低的行动者更有机会获得多样化的知识（Freidkin，1991）。

再由图 2-6 举例，计算 D 的中介中心性的过程如下：首先，A 到 F 的捷径有两条，公式（2-2）中的 n_i 即是 D，A 到 F 经过 D 的

捷径有 1 条，所以 A 到 F 经过 D 的概率估计为 1/2；C 到 F 及 B 到
F 这两条捷径都必须经过 D，概率可以再各加上 1；E 到 B 及 E 到 C
都有两条捷径，分别经过 D 及 A，所以，概率可以再各加上 1/2。
最终 $C_B(D) = 1/2 + 1 + 1 + 1/2 + 1/2 = 3.5$。

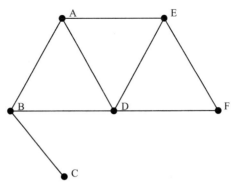

图 2 - 6　中介中心性范例

接近中心性。一个节点越是与其他节点接近，该节点在传递信
息方面就越容易，因而可能居于网络的中心。接近中心性是指网络
中某一特定行动者到达所有其他行动者的能力，该指标是对不受他
人控制程度的测度。根据巴弗拉斯（1950），非中心性的位置是
"必须通过其他人来传递信息的位置"。因而，一个行动者接近中心
性越大，表明该行动者越不依赖于其他行动者传递信息，也即该行动
者能够通过较短的路径到达网络中的所有其他行动者。令 $d(\cdot, \cdot)$
是一个距离函数，则 $d(n_i, n_j)$ 是行动者 i 和行动者 j 之间的距离。
i 到所有其他行动者的距离和为 $\sum_{j=1}^{g} d(n_i, n_j)$，该和是对所有 $j \neq i$
进行的累加，因此，得到行动者接近程度的萨比杜希（Sabidussi，

1966）指数，该指数是行动者 i 到所有其他行动者距离和的倒数，是衡量中介中心性最常用的指数之一。公式如下：

$$C_C(n_i) = \left[\sum_{j=1}^{g} d(n_i, n_j) \right]^{-1} \qquad (2-3)$$

$d(n_i, n_j)$ 代表 n_i 与 n_j 之间的距离，$C_C(n_i)$ 就是节点 n_i 到其他节点的距离加总再求倒数，其值越小，就表示 n_i 与其他各点距离越大，一个人越是边缘，也就越不重要。只有在星形网络中，$C_C(n_i)$ 才可能达到最大值，此时，对于包含 g 个点的星形网络来说，"核心点"的接近中心性是 $\frac{1}{(g-1)}$。

接近中心性是一个有用的概念，但这一指标要求很高，必须是完全相连图形（fully connected graph）才能计算接近中心性，即，网络中每一节点都可以通过一定的距离到达其他所有节点。否则，一些人可能根本到达不了其他人（如孤立点），此时没有距离可言，越是孤立，距离加总值反而越小。因为这一要求十分严格，并且这一指标与程度中心性高度相关，也就是程度中心性高的人往往接近中心性也高，所以此一指标通常很少用（罗家德，2005）。

特征向量中心性。某一点的中心性不仅依赖于与其邻接的点的数目，还依赖于这些邻接点的中心性，即某一点的中心性是与其相邻的其他点的中心性的线性组合。例如，某些企业可能拥有少数联系就可以拥有较高的中心性，因为与这些企业相连的其他企业拥有较高的中心性。若将此观点运用到获取创新性的信息，可以发现当一个企业的特征向量中心性非常高时，它们通常都是与一些本身又与许多其他企业有联系的企业相连，由此增强了它们获取重要信息的可能性（Salman and Saives，2005）。

关于特征向量中心性的测量最早由博纳希齐（Bonacich，1972）提出。特征向量分析的目的是为了在网络整体（global）或全局（overall）结构的基础上找到最居中心地位的行动者。特征向量方法类似于"因素分析"（factor analysis），因素分析的目的是识别行动者间距离的维度，每一行动者相应于每个维度上的位置就是一个特征值，一系列这样的特征值的集合就是特征向量。通常，第一个维度能够抓住行动者间距离的"整体"方面；第二以及其他维度能够抓住更加具体和局部的子结构（Hanneman and Riddle，2005）。以下对特征向量中心性的基本计算原理进行介绍。①

令 A 为邻接矩阵，其元素 a_{ij} 是行动者 i 对 j 的地位的贡献量，x 代表中心性数值向量，x_i 代表向量 x 中的每一个元素。那么，由某一点的中心性是与其相邻的其他点的中心性的线性组合可得：

$$x_i = a_{1i}x_1 + a_{2i}x_2 + \cdots + a_{ni}x_n \qquad (2-4)$$

将方程（2-4）用矩阵形式表征，可得方程（2-5）（其中，A^T 是 A 的转置）：

$$A^T \cdot x = x \qquad (2-5)$$

在方程（2-5）中，x 是与特征根 1 对应的 A 的一个特征向量。一般情况下，方程（2-5）无非 0 解，除非 A 有一个特征根是 1。使方程（2-5）有解的方法之一是对矩阵的每一行进行标准化，从而使每行元素总和为 1。② 另一种方法首先由博纳希齐（1972）提

① 以下特征向量中心性计算的内容部分引自博纳希齐（Bonacich，2001）。
② 在这点上，博纳希齐（2001）纠正了瓦瑟罗和法斯特（Wasserman and Faust，1994）的错误，后两位学者认为应该对矩阵的每一列进行标准化，从而使每列元素总和为 1。

出，是对方程（2-5）进行一般化处理，使其成为一般意义上的特征向量方程。这样，每一个体的地位仅仅是与其相邻的其他个体的地位权重加总的一个比例方程（2-6），而不是与这一权重加总相等的方程（2-4）。

即：

$$\lambda x_i = a_{1i}x_1 + a_{2i}x_2 + \cdots + a_{ni}x_n \qquad (2-6)$$

$$A^T \cdot x = \lambda x \qquad (2-7)$$

由方程（2-7）可以计算得 A 的特征根和特征向量。如果 A 是一个 n×n 阶矩阵（一般都是实对称矩阵），方程（2-7）就有对应于 n 个 λ 值的 n 个解。解的一般形式可以用矩阵方程表达为：

$$A^T \cdot X = X\lambda \qquad (2-8)$$

其中，X 是一个 n×n 阶矩阵，其各列都是矩阵 A 的特征向量，而 λ 则成为由各个特征根构成的对角线矩阵。

（6）结构洞

①结构洞的定义。博特（1992）提出了结构洞概念，结构洞是指可由第三方来跨越的存在于两个行动者或两个簇群间的缺口（gap），这一第三方充当两个行动者或两个簇群间的唯一媒介（intermediary）。奇尔多夫和蔡（Kilduff and Tsai，2003）也认为结构洞是社会结构的空缺处（empty spaces）或者缺口，这一缺口存在于两个暂时没有联系的个体之间。拥有较高社会资本的个体通常桥接由这些洞创造的缺口（Burt，2005），这些个体由于暴露于更新、更多样化的信息之下，因而能够获得更多的信息。

研究表明，能够有效跨越结构洞的个体能够获得更多的优势（Zaheer and Bell，2005）。例如，跨越丰富结构洞的信贷员更可能做成一笔交易（Mizruchi and Sterns，2001）；跨越结构洞的个体更可能从整合性的工作中受益、也更容易获得积极的个人和团队评价（Burt，2005）；梅拉等（Mehra et al.，2001）也发现，小型技术企业的管理者对那些跨越结构洞的雇员会给予更高的绩效评价；对一项法国化学企业的调查显示，跨越结构洞的个体的薪酬更可能增长（Burt et al.，2000）；博特和其他一批网络研究者将个体的结构洞与组织人力资源管理结果联系起来，例如，及早晋升（Podolny and Baron，1997）、更高的薪酬、更杰出的工作表现（Powell and Smith – Doerr，1994；Burt，2004）；也有研究将组织内团体间的结构洞与团体层面的结果联系起来，例如，全面质量管理（TQM，Total Quality Management）、团队绩效的识别（Burt，1997，2004）。

在一个由三个行动者构成的网络中（A、B、C），每一个行动者都与其他两个行动者相连，如图 2 – 7 所示。图中假设行动者 A 想对另一个行动者施加影响或与另一个行动者交易，再假设 B 和 C 彼此也有动机进行交易。这时，行动者 A 就不会处于有利的谈判地位，因为 A 的潜在交易对象（B 和 C）都有寻找 A 以外的替代交易者的机会，他们可以孤立 A，并与另一行动者进行交易。

假设在 B 和 C 之间开一个"结构洞"，如图 2 – 8 所示。这样，B 和 C 之间的关系或连带消失了，以至于 B 和 C 不能再进行交易（可能此时两者之间形成连带会涉及非常高的交易费用，也可能他俩都没有意识到对方的存在）。此时，由于 B 和 C 之间结构洞的存在，使 A 具有某种位置优势，他拥有两个可以替代的交易对象，而行动者 B 和 C 各自只有一个交易对象。

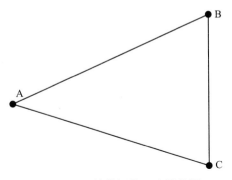

图 2 - 7　无结构洞的三人网络图

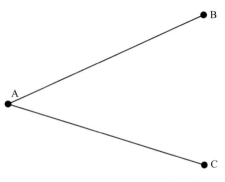

图 2 - 8　有一个结构洞的三人网络

以上只是简略的网络图，现实的网络通常拥有许多行动者。随着网络规模的增大，网络密度①倾向于变小，更多的结构洞就可能在社会结构中打开。

②结构洞的测量指标。

在几项重要的论著中，博特创造并普及了"结构洞"这一术

———————

① 　如果网络是无向关系网，其中有 n 个行动者，那么网络密度就是网络中包含的实际关系总数 m 与该网络在理论上最大可能值 n(n-1)/2 的比值，即为 2m/n(n-1)。如果网络是有向关系网，并且其中有 n 个行动者，则该网络在理论上最大可能值是 n(n-1)，该网络的密度因而等于 m/n(n-1)。

语，并用这一术语来刻画个体位置优势的一些重要方面。博特（1992）对结构洞思想进行了形式化处理，并发展出许多的测量方法（包括计算机程序 Structure，该程序提供结构洞的诸多测量方法和其他工具）。这些测量方法的发展在一定程度上推动了诸如行动者连接的方式怎样以及为什么影响他们的机会，进而影响他们的行为等问题的解答。

在操作层面上，与结构洞相关的测量可以在二值数据（binary data）和赋值数据（valued data）[①] 中实现。大多数研究通常使用二值数据来计算结构洞指数，结构洞指数一般有四个——网络有效规模、效率、约束、等级。

有效规模。一个行动者的网络有效规模是在该行动者的自我中心网络中与其相连的其他行动者数目减去这些其他行动者程度中心性（除掉与该行动者相连的那条线）的平均值。另一种更简便的计算公式是用 $n-2t/n$ 来计算 i 的有效规模（Borgatti，1997），其中，n 是与行动者 i 直接相连的其他行动者数目（即不包括行动者 i 在内的网络规模），t 是所有与行动者 i 直接相连的其他行动者之间存在的直接关系数。例如，假设 A 与三个行动者相连，且这三个行动者彼此都不相连，那么，自我网络的有效规模就是 3。相反，如果这三个行动者彼此相连，他们之间就存在三条直接关系，则这三个行动者程度中心性的平均值为 2，那么 A 的自我中心网络的有效规模就是 $3-2=1$。

效率。效率是用自我网络的实际规模将网络有效规模标准化。

---

① 二值数据是衡量节点之间有无某种关系的数据，"无关系"和"有关系"分别对应"0"和"1"；赋值数据是对节点关系加上关系强度判断的数据。

即，与自我相邻的他我有多大比例是"非冗余的"。网络有效规模代表自我总体影响力，而效率则代表自我在每个连带上所做的投资能够获得多大影响。网络有效规模大并不代表效率高，反之，效率高也不代表网络有效规模大。

约束。约束是一个高度概况性的指数，它刻画与自我相邻的他我之间的联系如何对自我施加约束。如果自我的所有潜在交易伙伴彼此也都为潜在的交易伙伴，那么自我就受到高度约束。约束能够有效地测度企业结构洞的匮乏程度，约束越高，表明个体所能跨越的结构洞越少（Burt，1992，1997），且拥有较高约束的个体通常都暴露于较冗余的信息之下，因此其绩效和约束通常呈反向关系（Burt，2005）。

通常，个体因如下三个原因在网络中受到约束：①拥有很少的联系人（contact），如小型网络；②与其相连的他我之间彼此紧密联结，如密集网络中的派系（clique）；③通过一个中心性的联系人间接分享信息，如层级式的正式沟通网络（Burt，2005）。约束的计算公式如下：

$$c_{ij} = \left(P_{ij} + \sum_q P_{iq}P_{qj} \right)^2 \quad q \neq i, j \qquad (2-9)$$

$$C_i = \sum_j c_{ij} = \sum_j \left(P_{ij} + \sum_q P_{iq}P_{qj} \right)^2 \quad q \neq i, j \quad (2-10)$$

公式（2-9）和公式（2-10）中，P_{ij} 是 i 投资于熟人 j 的关系比例（或称为 i 花费在 j 上的时间/精力占其总时间/精力的比重）；P_{iq} 是 i 投资于熟人 q 的关系比例；P_{qj} 是 q 投资于熟人 j 的关系比例。括号中的和是 i 直接或间接投资于熟人 j 的关系比例。c_{ij} 的最小值为 p_{ij}^2（即 j 与其他点都不相连），c_{ij} 的最大值为 1（即 j 是 i 的唯一联络人）；c_{ij} 值越大，表明网络越集中于许多冗余的联系，也表明 i 的所有连带施加于 i 的约束越大（Reagans, Zuckerman and McEvily, 2004）。在公式（2-9）中，取遍所有的联络人 j 就可以得到行动者 i 在网络中的总约束（the aggregate constraint）（Burt, 1992），如公式（2-10）所示。所以，1-C_i 就是失去约束（lack of constraint）或在 i 的自我中心社会网络中存在的结构洞数目（Zaheer and Bell, 2005）。

等级度。等级用来描述对自我的约束在多大程度上集中于一个行动者身上。该指数可通过 Coleman-Theil 紊乱指数来计算（Burt, 1992），公式如下：

$$H = \frac{\sum_j \left(\frac{c_{ij}}{\frac{C}{N}}\right) \ln\left(\frac{c_{ij}}{\frac{C}{N}}\right)}{N\ln(N)} \qquad (2-11)$$

公式（2-11）中，N 是与行动者 i 直接相连的关系人数目，C 是 i 受到所有 N 个关系人的约束总和，C/N 即是每个关系人对 i 的平均约束。如果对 i 的总的约束集中于单一的行动者，等级度就会达到最大值 1；如果对 i 的约束平均地由与 i 相邻的他我所施加，那么等级度就会达到最小值 0。即，i 的等级度越大，说明 i 越受到限制。

2.3　吸收能力理论

2.3.1　吸收能力概念演变

资源观理论强调企业独特的、有价值的、难以模仿的、不可替代的资源（如 Barney，1991；Penrose，1959；Wernerfelt，1984）。由于吸收能力依赖于企业已有的知识水平（Cohen and Levinthal，1990），因而是企业难以被竞争对手模仿的关键性资源，是企业竞争优势的主要来源，也是企业创新的重要基石。

早在 20 世纪 50 年代，马驰和西蒙（March and Simon，1958）就提出大多数的创新都产生于"借鉴"而不是"独创"。知识经济时代，企业创新越来越依赖于外部知识源，马驰和西蒙的这一看法更成为不争的事实。针对企业在利用外部知识方面存在的问题，考恩和利文索尔（1989，1990）对吸收能力做了开创性研究，认为吸收能力是企业识别外部新信息的价值、消化该信息，并将该信息应用于商业用途的能力。莫维里和奥克斯利（Mowery and Oxley，1995）发展了考恩和利文索尔（1990）的定义，在国家创新系统的研究中，将吸收能力定义为一组技能，通过这些技能，国家可以对从国外转移来的默会知识进行处理，并对所吸纳的知识进行修正。金（Kim，1998）基于考恩和利文索尔（1990）的定义进行了案例研究，用一个 2×2 阶矩阵来识别吸收能力的两个维度——先验知识和努力强度，并认为吸收能力是学习并解决问题的能力。雷恩和卢巴特金（Lane and Lubatkin，1998）则将考恩和利文索尔（1990）的定义应用到学生企业和老师企业学习的背景下，对于理解合资或联盟背景下的吸收能力有着重要启示。

扎哈拉和乔治（Zahra and George，2002）的研究首次对吸收能力及其四个维度的概念进行详细界定，他们将吸收能力划分为四个维度——获取、消化、转换、应用（exploitation），并将吸收能力定义为"一系列组织惯例和流程，通过这些惯例和流程企业得以获取、消化、转换并应用知识以发展出一种动态的组织能力。"他们的研究涵盖了考恩和利文索尔（1990）、莫维里和奥克斯利（1995）、金（1998）关于吸收能力定义的所有要素：莫维里和奥克斯利（1995）以及金（1998）强调导入新知识的重要性，由此形成了知识获取维度；考恩和利文索尔（1990）强调知识消化和应用维度；金（1998）指出解决问题的能力来源于改进的知识，这构成了知识转换维度的基础。扎哈拉和乔治（2002）还将吸收能力划分为潜在的吸收能力和现实的吸收能力。扎哈拉和乔治（2002）之后，廖等（Liao et al.，2003）明确提出企业内获取外部知识的人不必然是应用该知识的人，知识还必须经过传播才能转移到组织中需要应用该知识的人，由此他们发展了潜在的吸收能力的定义，认为潜在的吸收能力由外部知识获取和内部知识传播两个维度构成。马吐希克和希雷（Matusik and Heeley，2005）从企业与外部环境交互、集体层面、个体层面研究了吸收能力对知识创造的影响，认为潜在的吸收能力主要关注知识创造，而现实的吸收能力关注知识的实际应用。雷恩等（2006）基于过程对吸收能力进行定义，认为吸收能力是企业通过探索式（exploratory）学习、转换式（transformative）学习、开发式（exploitative）学习这一系列过程来应用外部知识的能力。托多罗瓦和杜里辛（Todorova and Durisin，2007）对以往研究进行整合，认为吸收能力是一系列组织惯例，是企业评估、获取、转换或消化、应用知识的能力。邓等（Deng et al.，2008）则将吸收能力简洁地总结为获取、消化并应用新知识的能力。表2-3总结了关于吸收能力定义的主要文献。

表 2 – 3　　　　　　　　　　　吸收能力定义

提出者	定义
Cohen and Levinthal (1990)	吸收能力是企业识别外部新信息的价值、消化该信息，并将该信息应用于商业用途的能力。
Mowery and Oxley (1995)	吸收能力是对外部转移来的默会知识进行处理并对所吸纳的知识进行修正的一组广泛的技能。
Kim (1998)	吸收能力是学习并解决问题的能力（或技能）。其中，学习的能力是消化知识用来转换的能力，而解决问题的技能是应用新知识来创新的能力。
Lane and Lubatkin (1998)	学生企业的吸收能力是其对从老师企业那获得的新知识进行评价、消化及应用的能力。
Zahra and George (2002)	吸收能力由潜在吸收能力和实现吸收能力构成，它是一系列组织惯例和流程，通过这些惯例和流程企业得以获取、消化、转换并应用知识以发展出一种动态的组织能力。
Liao et al. (2003)	潜在的吸收能力是获取、传播外部信息和知识的一系列相互作用的组织能力。
Matusik and Heeley (2005)	吸收能力由以下三个层面构成：①企业与外部环境交互的程度或边界开放性（porosity of boundaries）；②企业内集体层面价值创造的结构、惯例及知识储备；③个体层面的吸收能力。
Lane et al. (2006) Lichtenthaler (2009)	基于过程对吸收能力进行定义，认为吸收能力是企业通过探索式学习、转换式学习、开发式学习这一系列过程来应用外部知识的能力。探索式学习指获取外部知识，开发式学习指应用所获知识，而转换式学习则将这两个学习过程联系起来，是企业对知识的维系。
Todorova and Durisin (2007)	吸收能力是一系列组织惯例，是企业评价、获取、转换或消化、应用知识的能力；吸收能力各维度都受"社会整合"权变因素的影响，评价和应用维度还受"权力关系"权变因素的影响。
Deng et al. (2008)	吸收能力是获取、消化并应用新知识的能力。

资料来源：根据相关文献整理所得。

2.3.2　吸收能力维度构成

随着学者们对吸收能力概念的深化，逐渐发现吸收能力应该是一个多维度概念，并对吸收能力各维度进行了界定，涉及的维度主要有评价与获取、消化、转换、应用。

1. 评价与获取的能力

考恩和利文索尔（1990）以及托多罗瓦和杜里辛（2007）将"识别外部新知识价值"作为吸收能力的第一个维度，一般被简称为"评价维度"。至今虽然很少有研究对评价维度给出确切的定义，但多项研究对这一维度的隐含寓意已达成一定的共识，即通过组织流程和惯例对外部新知识的价值进行评估的能力。从组织学习的角度来看，形成评价能力的流程和惯例在本质上是认知性的，例如，直觉、理解、知识识别和模式识别（pattern recognition）都有利于评价能力的形成。这些流程通常都存在于个体层面（Crossan et al.，1999），组织层面的评价能力基于个体层面的评价能力（Matusik and Heeley，2005）。

获取能力意指一个企业识别和获得对于企业运营至关重要的外部知识的能力（Zahra and George，2002）。投入于知识获取的努力通过以下三个方面影响吸收能力——努力的强度、努力的速度和努力的方向。企业识别和收集知识努力的强度和速度越大，企业将会越快地建立起必要的能力（Kim，1997）。[①] 积累知识的方向也会影响企业获取外部知识所遵循的路径。与努力强度、速度和方向相关的活动的丰富程度和复杂性存在差别，因此一个企业有必要拥有不同的专门知识来成功获取外部知识（Rocha，1997）。扎哈拉和乔治（2002）认为获取是企业"识别和获得"对企业运营至关重要的外

---

① 显然，企业实现这一强度和速度的努力会受到一些限制，因为企业学习的周期不易被缩短，并且构建吸收能力所需的一些资源不能够很快聚集（Clark and Fujimoto，1991）。

部知识的能力。显然，他们关于获取维度的定义中已经包含了"识别外部知识"的过程。因此，本研究认为可将评价和获取合并为一个维度，命名为"获取"维度。

2. 消化的能力

雷恩和卢巴特金（1998）将消化知识的能力定义为企业利用知识处理系统获取、储存和转移外部知识的能力。扎哈拉和乔治（2002）进一步认为，消化知识的能力是指企业在现存的认知框架内理解新知识的能力，这一能力由一系列"有助于企业分析、处理、解释并理解从外部所获信息的惯例和流程"构成。还有学者将知识消化总结为将外部知识转移到企业内部的过程（Liao et al.，2003），这种知识转移的过程涉及一系列的步骤，如注意到新知识、感悟知识、判断知识、用现有认知模式对新知识进行整合并将其存储于记忆中（Huber，1991）。此外，近来有关消化能力的研究强调有利于获取外部知识能力的流程和结构，如边界搭建（boundary spanning）、联盟参与、接近顾客、边界开放（Caloghirou et al.，2004；Liao et al.，2003；Matusik and Heeley，2005）。

3. 转换的能力

转换知识的能力与消化知识的能力有着密切联系，转换是企业将现有知识与所消化的新知识进行组合的能力，通常表现为对知识的增减或简单地用不同的方式对相同的知识做出解释（Zahra and George，2002）。这一能力可以产生新的想法，促使企业重新识别机遇，同时改变企业审视自身及竞争前景的方式。战略变革的研究表明，新知识对于重构产业和竞争战略非常重要（如 Christensen et al.，1998）；在企业家精神和企业成长的研究中，学者们也有类似的描述（Zahra et al.，2000）。而转换能力对于打开组织变革和战略变革研究的黑匣子非常有用。

4. 应用的能力

关于应用维度的定义通常借鉴扎哈拉和乔治（2002）关于"exploitation"维度的定义，即，使企业通过吸纳所获知识并对其进行转换从而提炼、扩展、平衡现有能力或创造新能力的一种组织能力。"应用"反映了企业捕获并吸纳知识的能力（Van den Bosch et al.，1999），"应用"的过程可能需要重新找回一些已经被创造并内部化的知识（Lyles and Schwenk，1992）。系统的应用知识的规则将会持续创造新的产品、系统、流程、知识或新的组织形式（Spender，1996）。现实中，"应用"随处可见，例如，新创企业在市场、竞争对手或顾客那捕获知识，然后用这些知识来创造新的能力。卢密特（Rumelt，1987）认为成功的企业更可能建立起一套跟踪并应用新知识的规则，以此鼓励知识应用。

事实上，"exploitation"和"apply"的意思基本相同，都是企业将已消化和转换的知识用于商业用途的能力。且由于"exploitation"一词在国内学术界译法多种多样（如发展、开发、利用、使用、运用、挖掘），给研究带来了很多不便，因此，本研究尊重吸收能力奠基人考恩和利文索尔最初的意旨，用"应用"一词来命名该维度。

5. 关于共享维度的认识

值得注意的是，还有学者对吸收能力共享维度进行了阐述。知识共享维度一般被描述为"知识在所有相关部门和个体间交流"（Liao et al.，2003），或"将新的外部知识发送到企业内合适的人和地点"（Liao et al.，2003；Matusik and Heeley，2005）。学者们之所以将"共享"作为吸收能力的独立维度是因为他们认为外部知识的接收方——守门人或跨界者不总是那些需要应用这些知识的人，知识还必须经由个体转移到那些需要应用该知识的人。此外，组织对内、对外沟通的惯例和流程存在很大差异（Keller，2001），消化知识（对外）需要在企业边界和流程中创造对外开放的渠道，以此促进边界扫描和边界搭建（Matusik and Heeley，2005）；而共享知识（对内）依赖于有利于团队工作的组织惯例和流程（Cohen and Bailey，1997），需要将知识在组织内广泛传播。

但本研究认为，知识共享的思想火花其实早在吸收能力概念提出时就已出现。一些学者认为考恩和利文索尔（1990）关于吸收能力的定义忽略了外部知识在企业内部扩散这一要素（Liao et al.，2003；Matusik and Heeley，2005），但事实上，尽管考恩和利文索尔（1990）在定义中没有直接体现知识的内部扩散，但他们强调"组织的吸收能力不只是简单地依赖于组织与外部环境的直接交互，还依赖于知识在部门间或部门内的转移"，并认为常识性的知识或共享的语言对于促进内部知识转移具有重要意义。因此，他们的研究实质上已经触及了外部知识在企业内部扩散这一要素，因此，本研究认为没有必要将知识共享独立成吸收能力的维度之一，知识共享已经包含在获取、消化维度之中。

综上所述，本节整合吸收能力研究者的观点，认为吸收能力由四个维度——知识获取、消化、转换和应用能力构成。

2.3.3　吸收能力的测量

在对吸收能力进行测量的相关研究中，学者们应用了不同的测量方法来衡量企业的吸收能力（Zahra and George，2002）。按吸收能力维度结构可将测量情况分为两类，一类是用代理变量对吸收能力进行测量，实质是将吸收能力视为单维度构念，而另一类则是将吸收能力视为多维度构念，对吸收能力各个维度分别进行测量。

关于单维度吸收能力的测量大多依赖于代理变量（proxy）来进行。最常用来测量吸收能力的代理变量是企业的 R&D 投入（Cohen and Levinthal，1990；Lane and Lubatkin，1998；Lane et al.，2001；Tsai，2001；Stock et al.，2001；Nicholls - Nixon and Woo，2003；Zahra and Hayton，2008），这主要沿袭了考恩和利文索尔（1990）最初关于吸收能力测量的传统，他们把吸收能力看成是 R&D 投资的结果，并在经验研究中将 R&D 投入作为吸收能力的代理变量。除 R&D 投入外，主要的代理变量还有 R&D 部门和人员（Mowery and Oxley，1995；Keller，2001；Caloghirou et al.，2004）、专利数目（Mowery et al.，1996；Hayton，2005）、专利数和技术发行量（Mowery et al.，1996；Cockburn and Henderson，1998）、新产品数目（Prabhu et al.，2005）、新产品销售额（Caloghirou et al.，2004）、薪酬政策与支配性逻辑（Lane and Lubatkin，1998）等指标。

近来的几项研究采用较新颖的方法寻找吸收能力的代理变量。过去，学者们倾向于将吸收能力的前因作为代理变量，而近来一些学者将吸收能力带来的结果作为代理变量。例如，哈伊顿（Hayton，2005）认为专利数是吸收能力的有效代理变量，因为专利是 R&D 投入的结果，而 R&D 一般又被等同于吸收能力，因此，在 R&D 很难获得的情况下可用专利数作为吸收能力的代理变量。此外，普拉布胡等（Prabhu et al.，2005）及罗瑟马尔和瑟斯比（Rothermael

and Thursby，2005）也运用类似的方法来寻找吸收能力的代理变量。
吸收能力单维度测量的代理变量及例证文献如表 2 - 4 所示。

表 2 - 4　　　　吸收能力单维度测量的代理变量及例证文献

代理变量	例证文献
R&D 投入（强度）	Cohen and Levinthal（1990）；Arora and Gambardella（1994）；Helfat（1997）；Lane and Lubatkin（1998）；Kamien and Zang（2000）；Steensma and Corley（2000）；Lane et al.（2001）；Tsai（2001）；Stock et al.（2001）；Nicholls - Nixon and Woo（2003）
先验经验	Boynton et al.（1994）；Roth and Jackson（1995）；Szulanski（1996，2000）；Vermeulen and Barkema（2001）
合作伙伴间相似的经验	Pennings and Harianto（1992）；Shenkar and Li（1999）；Simonin（1999）；Hitt et al.（2000）
R&D 部门/人员	Mowery and Oxley（1995）；Veugelers（1997）；Becker and Peters（2000）；Keller（2001）；Cassiman and Veugelers（2002）；Caloghirou et al.（2004）
专利数、技术发行量	Nicholls - Nixon（1993）；Mowery et al.（1996）；Cockburn and Henderson（1998）；Ahuja（2000）；Rothermael and Thursby（2005）

资料来源：根据相关文献整理所得。

但以上这些代理变量与创新绩效通常存在强关联性（Nieto and
Quevedo，2005），考虑到本节要同时研究吸收能力和创新绩效这两
个概念，为了避免用同　个指标来测量自变量和因变量，因此有必
要在测量时就将这两个概念严格区分开来。特别是，近年来随着对
吸收能力研究的深入，学者们已经不满足于用简单的代理变量对吸
收能力进行测量，一些研究开始将更为精准的测量量表引入到对吸
收能力的直接测量中。在通过量表进行吸收能力直接测量的研究
中，有少量研究将吸收能力视为单维度构念（如 Tiwana and

McLean，2005；Escribano et al.，2009），但更多的是将吸收能力看作多维度结构并进行测量，这些维度基本都限于吸收能力的评价、获取、消化、转换、应用维度。例如，雷恩和卢巴特金（1998）研究了相对吸收能力对组织间学习的影响，他们从三个维度——评价、消化、应用（commercialize）角度测量吸收能力；雷恩等（2001）研究了吸收能力各维度对于国际分支机构（Internaitonal Joint Venture）学习和绩效的影响，这三个维度分别是理解、消化、应用（apply）外部知识的能力；廖等（2003）从外部知识获取和内部知识传播（dissemination）两大维度测量吸收能力，其中，内部知识传播隐含着知识在企业内部的流动和共享；詹森等（2005）研究了组织前因（organizational antecedents）对潜在和现实的吸收能力的影响，他们关于吸收能力的划分与扎哈拉和乔治（2002）及本书的划分方法一致，即吸收能力由知识获取、消化、转换和应用维度构成。雷恩等（2006）和利齐顿斯勒（Lichtenthaler，2009）从三种学习过程的角度来测量吸收能力，这三个学习过程分别是探索式学习、转换式学习和开发式学习。但其中探索式学习和开发式学习的测量仍然逃不出前人关于吸收能力获取、消化、转换和应用维度测量的框架，只是在转换式学习的测量方面有所进展。

除了上述对吸收能力的测量方法外，还有一些研究跳出吸收能力以往维度的框架，采用多层次多角度的方法对吸收能力进行测量。例如赵和阿南德（Zhao and Anand，2009）从集体层面和个体层面对吸收能力进行测量；尼托和奎弗多（Nieto and Quevedo，2005）通过组织与环境的交流、组织的知识和经验储备、组织内知识结构的多样化和重合程度、组织的战略定位四个方面对吸收能力进行测量；马吐希克和希雷（Matusik and Heeley，2005）通过三个维度来测量吸收能力——企业与外部环境的关系；集体维度和个人维度；博什马和特沃（Boschma and ter Wal，2007）从五个方面测量企业的吸收能力——技术人员的教育背景、从事产品和流程创新的技术人员数、技术人员的平均从业年限、技术人员中曾经是雇主的人数、企业研发投入类型及强度。

对吸收能力的测量学术界已取得了相当大的成果，但目前在多维度吸收能力量表开发方面却仍然不尽如人意，主要问题在于吸收能力各维度的测量项是否能有效地测量这些维度，以及各维度是否能很好地收敛到一个更高阶的因子（如 Lane and Lubatkin，1998；Lane et al.，2001；Jansen et al.，2005）。例如，詹森等（2005）在研究对新的金融服务的吸收时，使用量表直接测量了吸收能力的获取和消化维度（潜在的吸收能力），以及转换和应用维度（现实的吸收能力），并测算了这四个维度的判别效度（discriminant validity）。但他们发现知识消化能力与知识转换和应用能力相关性更高，而不是与知识获取能力相关性更高。类似的问题也出现在其他吸收能力的研究中（如 Lane and Lubatkin，1998；Lane et al.，2001）。

2.3.4　吸收能力机制模型

在吸收能力机制研究中，有四项研究具有较广泛的影响力（模型结构见图 2 - 9）：奠定吸收能力理论基石的考恩和利文索尔（1990）的研究；继考恩和利文索尔（1990）后对吸收能力理论进行回顾和整合的扎哈拉和乔治（2002）、雷恩等（2006）以及托多罗瓦和杜里辛（2007）的理论研究。上述四项研究基本涵盖了以往吸收能力研究的所有维度——评价、获取、消化、转换、应用，从而具有较强的代表性。以下对这四项研究的吸收能力机制模型进行介绍与评价。

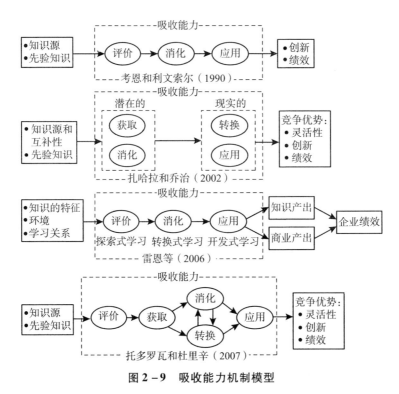

图2-9　吸收能力机制模型

资料来源：根据以上四篇文献相关内容整理所得。

1. 机制模型一：考恩和利文索尔（1990）

考恩和利文索尔（1990）首先提出吸收能力的定义，在他们构建的模型中，吸收能力包含了评价、消化、应用三个维度，本质上是将吸收能力视为一个单向的学习过程。遗憾的是他们并没有对吸收能力的三个维度及其相互关系进行深入研究，但值得庆幸的是该文的一些思想火花为吸收能力的研究者指明了方向。例如，他们认为，吸收能力依赖于企业先验相关知识，是累积发展出来的，当学习的对象与已知的知识相关时，吸收效果将达到最佳，这一观点启发了吸收能力动态特性的提出。他们还对个体和组织层面的吸收能力进行了区分，认为组织吸收能力基于个体吸收能力，但不是个体吸收能力的简单加总，而是个体吸收能力镶嵌作用的结果，这一分层次的视角为后来进行吸收能力多层次研究指明了方向。此外，由于吸收能力不仅仅是评价和消化知识的能力，还包括应用知识的能力，因此组织的吸收能力不能单单依赖于与外部环境的直接交互，它还涉及将知识在组织内部门间和部门内进行转移（Cohen and Levinthal，1990）。

2. 机制模型二：扎哈拉和乔治（2002）

扎哈拉和乔治（2002）在考恩和利文索尔（1990）及其他学者的基础上，提出了吸收能力包含获取、消化、转换、应用的四维度模型，他们也是基于过程来定义吸收能力，将吸收能力划分为两大类别——潜在的吸收能力（获取和消化）和现实的吸收能力（转换和应用），并认为潜在的吸收能力是企业评价和获取外部知识的能力（Lane and Lubatkin，1998），现实的吸收能力是对企业所吸收的知识进行平衡的能力。将吸收能力划分为潜在的和现实的两类对于评价它们各自对企业的贡献十分重要，这种划分可以帮助我们解答为什么一些企业比其他企业更擅长发挥吸收能力优势。贝克等（Baker，2003）的研究就发现，一些企业具有极强的理解复杂技术的能力，但是在将知识转换成实实在在的产品创新战略时却显得不那么出色。这就说明了将吸收能力划分为潜在的和现实的两类十分有必要，特别是，考虑企业平衡潜在的吸收能力和现实的吸收能力的效率也同样重要。扎哈拉和乔治（2002）将现实的吸收能力与潜在的吸收能力的比率命名为"效率因子"（efficiency factor），符号记为 η，效率因子表明企业基于它们的知识储备创造价值的能力存在差异，因为它们转换和应用知识的能力存在差异。对于拥有较高效率因子的企业，现实的吸收能力非常接近潜在的吸收能力水平；如若利益主要由现实的吸收能力来创造，那么拥有较高效率因子的企业将会有更好的绩效。他们还认为，现实的吸收能力是竞争优势的主要来源，对创新有直接影响；而潜在的吸收能力给企业提供了战略的灵活性和在高度动荡环境中适应并发展的自由空间。

扎哈拉和乔治（2002）的研究与以往研究的差别体现在三个方面：其一，吸收能力被视为嵌入于企业规则和流程中的动态能力；其二，吸收能力的四个维度与竞争优势的创造和维持有紧密联系，并且这四个维度在创造动态组织能力时是相互关联的；其三，他们将"获取外部新知识"作为第一个维度，而将考恩和利文索尔（1990）关于吸收能力定义中的第一个维度"识别外部新知识价值"作为吸收能力的前因，隐含在"先验知识"当中。

3. 机制模型三：雷恩等（2006）

雷恩等（2006）基于考恩和利文索尔（1990）、扎哈拉和乔治（2002）等学者的研究，主要从过程的视角对吸收能力进行了更细致的研究，即吸收能力是企业通过一系列过程利用外部知识的能力，主要的过程是：①通过探索式学习（exploratory learning）识别和理解潜在有价知识的过程；②通过转换式学习（transformative learning）消化有价知识的过程；③通过开发式学习（exploitative learning）使用已消化的知识来创造新知识和商品的过程。他们认为，推动吸收能力发展的因素很多，外部推动因素主要有环境（如产业环境、法律环境等）、学习伙伴间关系的特征（如知识的相似性、战略的匹配等）、知识本身的特征；内部推动因素有企业内成员的心智模式、组织的结构和流程、企业战略。此外，他们认为，吸收能力与企业创新、绩效之间并非直接影响关系，而是通过知识产出和商业产出作用于企业绩效。

4. 机制模型四：托多罗瓦和杜里辛（2007）

托多罗瓦和杜里辛（2007）在前人对吸收能力研究的基础上，提出吸收能力由以下五个维度构成——评价、获取、消化、转换、应用。他们认同考恩和利文索尔（1990）的观点，认为评价外部新知识是吸收能力的第一个维度，而知识源和先验知识是评价维度的前因。他们认为，知识转换不是知识消化后的一个步骤，而是与消化过程相伴的一个替代过程；此外，托多罗瓦和杜里辛提出知识处理还可以逆向进行转移。例如，当通过新的流程转变知识结构时，企业可能会不断地返回到基于先验知识结构进行学习和消化的阶段。托多罗瓦和杜里辛（2007）的这一观点对构建吸收能力动态模型有重要启示意义。

5. 总的评价

综合分析上述四项吸收能力机制模型，我们认为有五点值得借鉴：第一，这四项研究都将吸收能力定义为一个过程；第二，这四项研究中吸收能力的最后一个维度都是"应用"，内涵基本相同，都是指企业将所消化的知识用于商业用途的能力；第三，考恩和利文索尔（1990）、雷恩等（2006）以及托多罗瓦和杜里辛（2007）将"评价"作为吸收能力的第一个维度，但若借鉴扎哈拉和乔治（2002）关于"获取"的定义可知，实质上"获取"已经包含了"评价"的内涵，因此，根据模型简约原则，获取维度足以囊括评价维度的内涵；第四，转换维度是继知识消化后的一个重要步骤，转换是企业对新知识进行组合从而产生新想法的能力，因此转换维度必不可少；第五，扎哈拉和乔治（2002）关于潜在吸收能力和现实吸收能力的划分非常有必要，因为潜在吸收能力的作用主要表现在持续更新知识储备，现实吸收能力则表现为通过产品的开发和应用获得收益。事实上，詹森等（2005）的研究也发现潜在的吸收能力与现实的吸收能力有不同的发展路径，从而提出它们之间可能有不同的功能作用。综上所述，本研究认为吸收能力由知识获取、知识消化、知识转换和知识应用四个维度构成。

2.4　本 章 小 结

本章第 1 部分对创新从线性范式向网络范式发展的过程进行了回顾，基于创新从国家创新系统、区域创新系统向区域创新网络发展的研究，提出我国当前在网络范式研究方面的局限，例如，在国家层面研究创新系统的较少，主要从区域创新网络和产业动态创新系统的视角进行初步探讨（张俊芳和雷家骕，2009）；在区域或集群层面的创新研究没有关注个体企业在当地网络中的相对位置对于集体学习和创新的影响；并且，没有把区域外部联系纳入到研究范畴中来，只是将区域视为一种封闭系统（周泯非和魏江，2009）。从而引出本研究将要探讨的问题之一。

国家创新系统、区域创新系统及区域创新网络基本都是把整个产业作为一个研究系统，但在管理学界，学者们更注重分析个体企业间的联系，把企业作为研究的焦点，其中较具代表性的是企业网络理论。本章第 2 节对企业间网络理论进行了简单回顾，发现在经济管理学科中，"网络"的概念往往是理论意义上的，很少有分析性的内涵。本研究认为，主要原因在于企业网络更多地被视为一种制度安排——介于市场和企业间的新型治理结构，而很少有人探讨它的拓扑结构，从而忽视了企业网络结构与功能的互动关系，故许多问题无法得到解答，如：为什么在相同的企业间网络中，处于不同位置的企业创新绩效表现却不同？由此引出基于社会网络分析的定量方法对于理解上述问题的重要意义。在企业网络理论的回顾中，我们还对社会网络的三个主要功效——降低交易费用、获取资源、获取社会资本进行了总结，从而揭示社会网络的重要作用，为本研究第 3 章理论假设的提出奠定初步的理论基础。本节还对社会网络理论的重要分支——社会资本理论进行了简单回顾；对社会网络创造社会资本的两大观点——结构洞理论和社会闭合理论进行评析，评析这两大观点的目的在于对两种代表性的网络结构创造利益的观点进行对比分析，从而为本研究后续结构洞有利于提升企业创新绩效的观点提供理论准备。最后，本节对社会网络分析理论与方法的演进进行了回顾，对网络分析相关概念进行了界定。

本章第 3 部分对代表性学者就吸收能力这一概念的阐释进行了总结，基于吸收能力的概念，对吸收能力维度构成进行了探讨，认为至今为止，吸收能力涉及的维度主要有评价与获取、消化、转换、应用，但这些维度基本可归为如下四个维度——知识获取、知识消化、知识转换、知识应用，从而为本研究后续吸收能力的维度划分提供依据。本部分还对吸收能力单维度的测量文献进行了总结，认为，单维度的测量方法并不能满足吸收能力丰富内涵的要求，因此，应该转向吸收能力多维度量表的开发，并对吸收能力多维度测量的传统进行了回顾，为本研究后续吸收能力的测量提供依据。最后，本部分还对吸收能力的四个代表性的机制模型进行了简单评述，进一步深化了我们对吸收能力的认识。

第 3 章

理论假设与研究模型

第 2 章对前人的研究做了一个系统的分析，本章在前人的研究基础上提出本文的理论观点。本章首先提出占据中心性或跨越丰富结构洞的网络位置有利于创新绩效提升的观点。其次对吸收能力影响创新绩效的主要文献进行总结，并提出吸收能力的获取、消化、转换和应用都有利于企业创新绩效提升的观点。再次，引入吸收能力各维度作为调节变量，分别提出吸收能力各维度对于企业网络位置与创新绩效关系的正向调节作用。最后，基于以上假设，提出本章的"网络位置、吸收能力与企业创新绩效的关系模型"。

3.1 网络位置与企业创新

创新的源泉不仅仅存在于企业内部，还存在于企业与其他行动者的关系之中（Powell et al. , 1996），正如范·希佩尔（1988）指出的，知识的交换还需要关系的建立，需要行动者占据有利的网络位置，因为不同的网络位置代表企业在获取新知识方面面临的不同机遇，而这些新知识对于开发新产品和引致创新性的想法至关重要。网络位置是行动者间关系的结果，在社会网络分析中是一个关键性变量。社会行动者诸如创新、获取资源等特征都可以被解释为行动者在社会网络中所处位置的函数（Wasserman and Faust，1994）。位置分析的目的在于把复杂的社会网络资料用简单的形式展示出来，从而揭示行动者所能获取的信息和创新等利益。

在大量的网络研究文献中，泼维尔和史密斯－多尔（Powell and Smith－Doerr，1994）总结了网络位置影响企业绩效的诸多机制，包括新创企业迅速获取资源、有关机遇和威胁信息的快速传播，以及交易伙伴资质信息的获取等。尤兹（Uzzi，1996）发现网络中的企业可以从企业间资源共享、合作以及协同适应中获益。网络研究学者多数也认为企业创新至少部分与网络位置相关（Baum et al.，2000；Powell et al.，1996；Tsai，2001；Bell，2005）。

我国学者池仁勇（2005）应用社会网络分析理论，以浙江省中小企业创新网络为实证，对区域中小企业创新网络的基本形式、网络位置属性、形成机理、特征进行了分析，文章基于整个集群层面提出了集群整体网络结构特征对创新系统功能起决定影响的观点。池仁勇（2007）又利用2001~2003年264家浙江省中小企业的问卷调查数据，统计分析了中小企业创新网络的结点联结强度对创新绩效的影响。结果显示，企业结点综合联结度（考虑了企业与所有类型主体的联系）对企业销售增长、利润增长、新产品开发都有显著的正向影响。但是，中小企业与各类节点联系对创新绩效的影响存在差异，其中，与科研机构联系最为重要。此外，他还研究了中小企业创新网络的效率问题，结果表明，IT、建筑、医药、纺织服

装等行业的中小企业创新网络效率相对较高。谭劲松和林润辉
（2006）以中国第 3 代移动通信标准 TD－SCDMA 及其产业化过程为
研究对象，运用理论分析、案例研究和网络分析的方法，比较了
TD－SCDMA 标准与其他两大产业标准的网络结构，分析了电信行
业标准竞争的战略选择和效果。但总体来看，我国主要是从整个集
群/行业网络结构层面对集群/行业创新或标准竞争的战略选择及效
果进行研究，不是对单个企业提出发展的对策和诊断意见。我国大
量的其他研究也基本从整个集群/行业层面来研究企业的创新行为。
因此，本章将借鉴西方最新的研究成果，从企业层面研究中国文化
背景下企业自身的网络位置特征对于创新绩效的影响。

一般而言，衡量整体网络位置特征的指标有网络密度、网络中
心势、网络对等性等，而衡量网络中各节点位置的指标有中心性、
结构洞程度等。由于本研究的对象是个体企业，因此刻画企业的网
络节点位置特征就成为我们关注的焦点。在众多节点位置特征中，
得到国外学者广泛研究并最能反映节点网络位置对于创新影响的变
量是中心性和结构洞（如 Powell et al.，1996；Zaheer and Bell，
2005），因此，以下我们基于这些网络位置与创新绩效关系的理论
研究提出本章的研究假设。

3.1.1　中心性与创新绩效

传统网络理论认为，网络连接是随机的，大部分节点的连接数
目大致相同，有一个特征性的"平均数"，即节点的分布方式服从
泊松分布。但随着社会网络研究的深入，学者们发现在社会网络中

连接是一个有意识的过程，具有一定的偏好性，这种偏好性表现为企业间关系的择优连接（preferential attachment），即企业倾向于选择连接数目较多的网络节点。由于择优连接的存在，网络中的特定个体会有大量的连接，成为网络的中心枢纽或集散节点。"中心性"是测量网络参与程度的指标，可用来考察节点充当网络中心枢纽的程度（Burt，1992）和节点对于资源的获取与控制程度（Knoke and Burt，1983；Wasserman and Faust，1994）。

中心性对个体或组织结果影响的研究得到了学界的广泛关注。巴德温等（Baldwin et al.，1997）发现 MBA 团队成员的网络中心性对他们的成绩有正向影响；布拉斯（Brass，1984）发现雇员在网络中的中心性代表了他们的工作流量，这一流量通过工作特征间接影响工作绩效；个体在网络中的中心性还通过诸如影响力（Brass and Burkhardt，1993）和认知（Walker，1985）等变量影响绩效；伊巴拉（Ibarra，1993b）的研究表明中心性可以调节个体特征和正式职位对于管理创新角色的影响；在对三家高端技术军事组织的军官和士兵的研究中，罗伯斯和奥雷利（Roberts and O'Reilly，1979）发现拥有两个或以上联系的人表现比拥有一个或更少网络联系的人好；一项对 R&D 交流团队的研究表明，中心性可以调节功能性角色、地位以及交流角色对于个体绩效的影响（Ahuja et al.，2003）。泼维尔等（1996）对生物制药产业的研究表明网络是创新的重要场所，因为网络能够提供通过其他渠道所不能获取的知识和资源。他们从经验上证明了当知识广泛分布于一个产业且变化较快时，创新将会发生在组织间学习网络中，而不是发生在个体企业内；他们还发现表现好的生物制药企业比表现不好的企业具有数量和种类上更多的联系。我国学者池仁勇（2005）对浙江省轻纺中小企业创新网络的研究发现，如果用程度中心性相对值来衡量节点处于网络中心位置的程度，那么轻纺城为47.3%、小商品城为35.1%、钱清原料城为33.8%。网络中集散节点的存在表明某一产业企业间关系的重要性，因为信息在组织间的配置总是不均匀的，企业必须将其置于中心位置，以此从网络联系中获得知识的利益（Szulanski，1996）。

中心性与企业创新绩效高度相关，具体表现在以下几方面：

首先，中心性高的企业在网络中更容易获取并控制与创新相关的新信息。在创新过程中，新信息对于解决设计和生产的问题非常重要（Ibarra，1993a），因此，中心性高的企业在创新活动中将明显占据信息优势（Powell et al.，1996）。而且，从组织学习的角度来看，中心性高的企业可以接触到众多的新信息，这将进一步增强企业学习的可能性，促进企业对外部信息与内部现存知识进行整合，从而开发出新知识、实现创新（Brown and Duguid，1991）。

其次，中心性高的企业拥有多重的信息渠道与信息源。拥有多源的信息意味着可以从多个方面通过独特新颖的信息组合来实现创新（Dougherty and Hardy，1996）；同时，拥有多源的信息意味着更不容易丢失有价值的信息。此外，现实中作为信息源的竞争对手可能出于战略原因限制信息的外流或发出误导的信息，而处在网络中心位置的企业更容易获取准确的信息与信息源（Burt，1992），也可以通过对不同信息源间的信息进行对比，从而对其准确性进行评估。

再次，中心性越高的企业越容易汇聚不同企业的互补性技能，越能争取到与优秀企业合作的机会。创新的过程需要同步使用不同的技术和知识（Powell et al.，1996），而在技术迅速变化的环境下，开发多种广泛的能力并维持这些能力对于单个企业来说非常困难，同时考虑到购买这些技术的难度或限制，这时合作开发就成为企业获得互补性知识或技能的可行方案（Mitchell and Singh，1996）。当中心性高的企业需要选择合作伙伴时，由于企业处在网络核心与多个企业有联系，因此可在众多有联系的企业中挑选出最合适的合作伙伴；另外，当其他企业挑选合作伙伴时，位于网络核心的企业由于可以迅速发现和接近正在进行有前景的创新活动的企业（Powell et al.，1996），因此，将拥有更大的机会被挑选为合作伙伴，从而分享到创新带来的好处。

最后，合作能够使企业充分挖掘创新的规模经济。例如，单个企业在一个研究项目中投入了 X 元，两个企业通过资源的组合就可以投入双倍（即 2X 元）的研究经费。如果所转换或开发的技术是收益递增的，那么这时候企业获得的创新产出的收益比独立研发下要高，两个企业都可以从合作中受益（Ahuja，2000）。

学者们分别就各类中心性指标对创新的影响进行了研究：

弗里曼（1979）认为程度中心性是最好的用来刻画个体行动者获取信息能力的中心性指数，通常企业的程度中心性越高，它所拥有的知识源就越多，这些外部知识对产生新想法和创新性产出都非常有用。萨尔曼和赛弗斯（Salman and Saives，2005）的研究也表明，企业的程度中心性越高，企业所拥有的潜在知识来源就越多，这些外部知识进一步可以促进新想法和创新的产生，进而提升企业的创新绩效。

接近中心性同时考虑了焦点企业的直接联系和间接联系，接近中心性高的企业能够以很短的路径到达网络中的所有其他节点，由于可以在很短的路径上获取信息，因而，接近中心性高的企业所获信息失真的可能性相比处于网络边缘的接近中心性较低的企业来说更小，而真实信息的获取有利于企业的创新。关于接近中心性，已经得到了诸如古拉蒂和加吉罗（Gulati and Gargiulo，1999）、萨尔曼和赛弗斯（2005）、林等（Lin et al.，2009）学者的实证研究。

中介中心性高的行动者通常充当其他行动者交流的中介人。弗里曼（1979）和 Friedkin（1991）认为中介中心性越高的企业更容易获取差异化的信息和技能，这些企业更可能充当行业内技术变革等信息的交流通道。基于此，萨尔曼和赛弗斯（2005）的研究表明中介中心性高的企业其创新绩效越佳。

特征向量中心性高的行动者通常都与中心性高的其他行动者相联系，因而能够通过成倍地增加获得重要信息的可能性而提升创新的潜能（Salman and Saives，2005）。

综上所述，本研究认为企业在网络中处于中心性位置对企业创新有积极影响。具体提出如下假设：

H1：企业的中心性与创新绩效正相关。

3.1.2 结构洞与创新绩效

结构洞的关注点与中心性不同，中心性强调的是个体处于网络核心或边缘位置的网络特性，而结构洞更为关注与自我联系的其他个体之间的关系模式，即其他个体间的关系对自我的约束程度①。

---

① 关于四类中心性以及结构洞的概念在本书第 2 章 2.2.4 小节部分有详细说明。

结构洞是著名网络社会学家博特（1992）提出的一个概念，博特（1992）关于社会资本的结构洞理论关注的不是自我直接联系的特性，而是自我网络中他我之间的关系模式。根据结构洞理论，结构洞存在于两个互不相连的他我之间，如果自我与许多彼此不相连的他我有联结，那么对自我将非常有利；如果自我作为两个互不关联簇群/团体间的桥梁，则这种结构带来的收益将进一步放大（Uzzi，1997）①。能够到达不同知识领域的自我比嵌入于封闭网络中的自我更能够触及新颖的信息源和机会（Uzzi，1997）。根据博特的理论（1992，1997），结构洞丰富的网络对个体有三大好处：更加独特和及时的信息获取渠道、更强的讨价还价能力及进而对资源和结果的更强的控制力、贯穿这种社会体系的更大可见性（visibility）和职业机会。根据这一理论，结构洞就像一个缓冲器或绝缘体（Burt，2000b），是行动者（actor）可以玩弄以获利的空间，一个网络间的"好位置"。例如我有一群出版社朋友团体甲，也有一群作家朋友团体乙，而团体甲和团体乙间彼此互不相识，那么我所处的位置就可以称为结构洞，可以通过某种形式从中获利（罗家德，2005）。

在现实的网络中，个体间不可能两两都发生联系，因此结构洞在网络中是普遍存在的现象。博特（1992）认为，富含结构洞的行动者可以接近彼此之间不相连的合作伙伴，由此，可以接近许多不同的信息流；并且，富含结构洞的企业能够从网络中较远的行动者那获得新颖的信息并开发这一信息为己所用；行动者的社会结构连

---

① 例如，甲、乙两个团体平常少有往来，因而相互缺乏信任，所以一有冲突、协商或联合行动时，甲、乙两个团体常常需要第三者作为协调中心，第三者于是居于有利地位，靠着操弄讯息管道以及双方对他的信任，而取得领导的地位。此时，充当桥和中介者的第三者会成为"得利第三者"（Tertius gaudens）。

带关系最好是"非重复关系"，而结构洞能够最小化合作伙伴之间的冗余联系，因此，富含结构洞对于企业构建有效且信息富足的网络来说非常重要。

结构洞对于提升企业绩效、市场份额、达成交易、实现组织目标等具有积极的影响。鲍姆（Baum et al.，2000）发现纵向和横向网络的多样性和非冗余性与新创的生物工程企业的绩效正向相关，因为这些企业非常依赖于异质性的信息和资源，而这正是结构洞所能赋予的。格莱坎伊卡和哈姆布里克（Geletkanyca and Hambrick，1997）认为，当高层管理者拥有跨企业和产业边界的关系时，他们的企业将呈现出更高的绩效。罗雷和鲍姆（Rowley and Baum，2002）发现，当了解潜在交易和投资者利益的多样化信息对于节约交易费用非常重要时，那些在横向生产者网络中跨越结构洞的投资银行能够达成更多的交易，因为它们能够获得更多的异质性信息。此外，与自我相连的他我间缺乏联系会促使这些他我互相竞争以获得自我的关注和资源，从而可以加强自我对这些他我的平衡（Bae and Gargiulo，2004），并与提供最好回报的他我进行社会（或物质）交易（Seibert，Kraimer and Liden，2001）。组织中的自我还可以通过连接彼此不相连的他我来疏通整个系统的信息流，从而可以为组织整体目标的实现做出贡献，这一结论是基于组织理论的研究，强调个体工作绩效对于组织特定任务的贡献（Burns and Stalker，1994）。

许多学者对于结构洞与创新之间的关系进行了论证，认为跨越结构洞的行动者通常在创新方面都比那些没有跨越结构洞的行动者表现得更好（Burt，1992；McEvily and Zaheer，1999；Stuart and Podonly，1999）。因为第一，当行动者拥有非冗余联系时，便触及了从根本上来说具有差异的信息领域，因而他更有可能接触到独特的知识（Hargadon and Sutton，1997；Ahuja，2000）；第二，在企业边界外拥有更多非冗余的建议来源使这些企业能够获得更多竞争性的想法，从而可以从中进行筛选（McEvily and Zaheer，1999）；第三，连接结构洞的企业可能从网络中特定的行动者那获取资源，可能更快获知机会或威胁，可能查明潜在交易伙伴和合作者的资质（Powell and Smith-Doerr，1994；Uzzi，1997）；第四，由于知识部分是通过企业间交互发展出来的（Nahapiet and Ghoshal，1998），因此，连接结构洞的行动者能够重新理解出现的威胁和机遇，而这些对于那些没有连接任何结构洞的企业来说几乎不可能；此外，与许多其他的行动者保持联系是有成本的，剔除冗余联系的企业在使用有限的管理精力方面将更加有效（Burt，1997；Gnyawali and Madhavan，2001；Soda et al.，2004）。鉴于这些发现，扎希尔和贝尔（Zaheer and Bell，2005）认为企业将会从连接结构洞中获益，因为跨越结构洞的企业能有效且快速地学习和发展出与产业发展趋势相关的新知识，由此促进企业创新。综上所述，本节提出如下假设：

H2：企业占据的结构洞数目与创新绩效正相关。

3.2 吸收能力与企业创新

相对于网络理论，基于企业内部能力观的学者提出，传统的创新网络研究文献倾向于过度强调企业外部联系对企业创新的影响，而忽略了企业的区别，将企业视为同质性个体，即企业均具有相似水平的吸收能力。但经验研究表明，个体企业之间的吸收能力是不同的，吸收能力的不同是导致企业创新水平差异的最重要因素（Sternberg and Arndt，2001）。

3.2.1 吸收能力与创新绩效相关研究进展

表 3 - 1 总结了国外关于吸收能力的主要研究。这些研究直接或间接地证明了吸收能力对创新绩效的影响。例如，考恩和利文索尔（1990）认为吸收能力是基于先验的相关知识累积发展出来的，拥有相关知识积累的企业对新技术会有较好的理解，也更容易产生新想法并开发出新产品；曼格马丁和尼斯塔（Mangematin and Nesta，1999）认为，企业可获得的知识的不同类型对吸收能力有影响；吸收能力对于组织内技术知识转移的成功也起着积极的作用（Szulanski，1996）；在订立和执行技术合作协议的过程中吸收能力被认为是促进协议成功的主要因素（Lane and Lubatkin，1998）；斯多克等（Stock et al.，2001）研究表明吸收能力有利于提高企业新产品开发的效率，他们的研究结果显示吸收能力与新产品开发之间存在一个倒 U 型关系，表明吸收能力超过某一水平后，新产品开发将呈现出递减回报的特性。除此之外，蔡（2001）认为，拥有更高水平吸收能力的企业往往拥有更强的创新能力。我国学者于成永和施建军（2009）认为，企业的吸收能力能够加强自身的学习和创新能力。陈怡安等（2009）对珠三角地区高科技企业的实证研究表明，吸收能力对知识整合及技术转移绩效有显著的正向影响，由此会促进企业知识利用的效率并促进创新。

表 3 – 1　　　国外关于企业吸收能力与创新绩效的相关研究

作者（年份）	样本	结论
Cohen and Levinthal (1990)	美国 297 家工业企业的 1302 个业务单元	存在吸收能力，并且吸收能力与 R&D 投入相关。
Nicholls – Nixon (1993)	跨国制药企业	拥有较高吸收能力的企业进行更多的 R&D 支出、更多的 R&D 合作，并且从联盟中获益更多。
Szulanski (1996)	源于 8 家企业的 38 项管理实践的 122 次转移	接收者的吸收能力是解释企业内各单元间知识转移的主要因素。
Veugelers (1997)	1992～1993 年荷兰 290 家在 R&D 上进行投入的企业	当企业拥有吸收能力时，企业在 R&D 上的合作对企业自身在 R&D 上的投入具有正向影响。
Luo（1997）	1988～1991 年中国本土企业与跨国企业间组建的合资企业	中国本土企业的吸收能力对合资企业的良性运作非常重要。
Cockburn and Henderson (1998)	10 家大型制药企业	企业拥有吸收能力才能获得或掌握由公共实验室完成的基础研究；私有企业深入到公共实验室研究工作中的程度与其吸收能力相关。
Lane and Lubatkin (1998)	1985～1993 年制药企业间开展 R&D 合作的企业	在订立和执行技术合作协议的过程中，吸收能力是促进成功的主要因素。
Shenkar and Li (1999)	寻找合作伙伴的 90 家中国企业	企业在寻找合作伙伴的过程中，更看重与其现有知识互补的知识领域而不是自己专长的知识领域。
Mangematin and Nesta（1999）	400 家与法国国家科学研究中心有研发合作的企业	低水平的吸收能力妨碍企业间的 R&D 合作，高水平的吸收能力使得通过多种机制消化所有类型知识成为可能（包括基础性知识和应用性知识）。
Becker and Peters (2000)	1993 年德国 MIP 调查的 2900 个创新型制造企业	企业吸收能力与企业执行 R&D 活动相关，并且，吸收能力对创新产出有正向影响作用。
Stock et al. (2001)	1976～1993 年开发了调制解调器并将产品投放到市场的企业	企业吸收能力与开发新产品的效率之间不是线性关系，而是倒 U 型关系。

作者（年份）	样本	结论
Zahra and George（2002）	理论分析	吸收能力对企业产品和流程的创新均具积极影响。
Nieto and Quevedo（2005）	西班牙 406 家制造企业	吸收能力对创新努力具有显著的正向影响，并且，吸收能力对技术机遇和创新努力起到显著的调节作用。
Todorova and Durisin（2007）	理论分析	吸收能力对创新有影响；吸收能力对先前知识、知识源有动态反馈作用；消化与转换能力是同时发生而不是先后发生的关系。
Escribano et al.（2009）	2000～2002 年西班牙 CIS（社区创新调查）的 2265 家企业	吸收能力是竞争优势的重要来源，特别是在知识多变以及很强的知识产权保护的产业中；具有更强吸收能力的企业更容易识别外部知识流，并更有效地应用这些知识。
Lichtenthaler（2009）	德国三个产业的 175 家大中型工业企业	吸收能力的三个学习过程中，转换式学习与开发式学习对创新具有正向影响。

资料来源：钱锡红、杨永福、徐万里（2009）。

由此，本研究提出：

H3：企业的吸收能力与创新绩效正相关。

3.2.2　吸收能力各维度对创新绩效的影响

根据本章前述理论分析，我们认为吸收能力由知识获取、消化、转换和应用四个维度构成。关于这四个维度对创新影响的理论和实证研究见本节下述分析。

1. 知识获取对创新绩效

知识获取能力已经隐含了知识评估能力，关于知识评估能力对创新的影响已有一定的研究成果。由于企业评估外部知识的能力与先验经验（prior experience）或先前的 R&D 投入水平高度相关，因此，先验经验或先前的 R&D 投入通常被视为评估知识能力的代理变量。已有证据表明，先验经验与创新之间存在正相关关系（如 Matusik and Heeley，2005），企业先前的 R&D 投入水平与创新产出之间的正相关关系也得到了大量实证研究的支持（Nicholls - Nixon and Woo，2003）。因此，企业知识评估能力对企业创新有重要影响。

知识获取通过三种方式增强企业创新绩效：①强化企业可获得的知识的广度和深度，由此增加新的创新组合的潜能；②通过降低开发周期提高产品开发的速度；③增强企业为核心顾客开发新产品的意愿（Yli - Renko et al.，2001）。

知识获取对于实现"新的组合"有积极影响。组织正是通过知识交流并对知识进行组合而学习和创新（Schumpeter，1934；Kogut and Zander，1992）。事实上，实现"新的组合"正是熊彼特（Schumpeter，1934）所称"企业家"的核心任务。新的组合通过对现有知识进行新颖的联系而实现（Cohen and Levinthal，1990），而经过获取增加的知识广度和深度可以强化实现知识联系的潜能（Dyer and Singh，1998），因为新产品开发要求从多个不同的技术领域对特定知识进行整合与组合（Cohen and Levinthal，1990；Brown and Eisenhardt，1998）。此外，成功的新产品开发也需要相关互补知识的投入（如，市场、制造、设计等知识），尽管从技术上来说开发这些互补性知识是可行的，但企业内对于互补性知识开发通常在经济上都是低效的（Teece，1986），所以必须依赖外部获取过程获得这些互补性知识。

在其他条件相同的情况下，外部知识获取也能缩短产品开发的周期，从而提升产品导入的速率。例如，戴耶和辛格（Dyer and Singh，1998）发现，对于关系的投资不但能够降低产品缺陷的数目，还能缩短产品开发的周期。扎哈拉等（2000）认为，知识多样性能够加快学习的速度，由此缩短产品开发周期。

顾客对于新产品开发来说是一个有价值的信息源（Von Hippel，1988）。一个关键顾客能够提供关于产品改进、新功能需求的用户方知识。与用户方的联系增加了企业可动员的知识种类，因此，知识多样性能够加快学习的深度、广度和速度，由此导致更多产品的引入（Zahra et al.，2000）。此外，根据考恩和利文索尔（1990）的论述，顾客需求与企业已有知识的匹配程度将会影响企业对知识的应用。因为，当企业对特定顾客关系进行投资时，通过从关键顾客那获取知识，可以强化企业对于顾客需求更好的理解，这一理解可以强化企业为特定顾客开发新产品的意愿，因为企业可以从开发的新产品中获得更高的回报（Dyer and Singh，1998）。相似地，雷恩和卢巴特金（1998）认为，学生企业与老师企业在解决相似问题方面越有共同的经验，学生企业就越容易对新消化的知识进行商业应用。因此，外部知识获取通过提升企业开发新产品的意愿来强化新产品开发，由此增强企业创新绩效。

H3a：企业的知识获取能力与创新绩效正相关。

2. 知识消化对创新绩效

能够获得新信息事实上只是开发创新的第一步（Hargadon，2002），它是进行创新的一个必要但非充分条件（Ahuja，2000），创新还需要经过对所获取的知识进行消化、转换并应用的一系列过程。

知识消化能力是企业利用自身的知识处理系统获取、储存和转移外部知识的能力（Lane and Lubatkin，1998）。研究表明，企业对组织外部知识的消化使其能够不断反思传统的思维方式，并对企业的心智模式（mental models）在认知上进行转变，而这种转变对于创新是非常必要的（Holmqvist，2004）。消化外部知识的能力还可以通过降低产品开发周期来促进企业吸纳更多新技术。拥有较高吸收能力的企业对外部环境的辨识将更加灵敏，使得企业在新产品开发中能够加快问题解决的速率，同时缩短新产品开发的周期（Atua-hene‐Gima，2003）。除此之外，消化外部知识能够避免重复性工作，并且较高的消化知识的能力还将使企业通过辨识外部环境的趋势并将其内部化来持续更新企业的知识储备，因而可以克服一些"能力陷阱"（Zahra and George，2002）。因此，知识消化能力对企业创新绩效有重要影响。

H3b：企业的知识消化能力与创新绩效正相关。

3. 知识转换对创新绩效

知识转换指企业对现有知识与获取、消化的新知识进行组合的能力（Zahra and George，2002），例如，企业识别两种明显不一致信息并将其整合成一个新的模式的能力就是转换能力。企业现存的知识结构可能与外部获取的某些新知识存在分歧，因此，企业的认知结构可能需要进行转换以适应外部新形势，此时，转换就扮演着重构企业认知结构的重任；此外，转换还可以避免企业陷入对知识的路径依赖，从而使其能够在能力调整中生存下来（Todorova and Durisin，2007）。因此，通过转换过程，企业可以产生新的想法，重新识别机遇，审视自身及竞争前景（Zahra and George，2002），从而提高创新绩效。

H3c：企业的知识转换能力与创新绩效正相关。

4. 知识应用对创新绩效

知识应用能力与扎哈拉和乔治（2002）提出的知识开发能力的定义相似，即知识应用能力是使企业通过吸纳所获知识并对其进行转换从而提炼、扩展、平衡现有能力或创造新能力的一种组织能力。通过知识消化和转换过程，新知识经由个体转移到组织内部，然而，一项创新的产生还需要诸如实验、设计等活动加以改进与完善，即创新的产生还需要对知识加以应用，创新就是对知识加以应用从而生产出新知识（Drucker，1993），因此，应用知识是企业创新的必经步骤。扎哈拉和乔治（2002）认为，应用知识的能力能够将企业所消化、转换的知识转变为实际的创新。卡赞吉安等（Kazanjian et al.，2002）研究发现企业对知识的应用能力能够平衡和重组技能从而实现产品线扩展或新产品开发。因此，知识应用能力对企业创新绩效提升有重要影响。

H3d：企业的知识应用能力与创新绩效正相关。

3.3　网络位置与吸收能力的交互影响

吸收能力是企业获取、消化、转换和应用外部新知识的能力（Lane et al.，2006；Zahra and George，2002）。在网络中处于中心位置固然提供了获得新知识的位置优势，但该位置对企业创新绩效的影响还依赖于企业自身吸收新知识的能力，中心性的位置只是企业创新的必要但非充分条件。一定程度上表征吸收能力的 R&D 投入与合作关系的交互效应对创新、绩效等结果的影响得到了一系列实证研究的支持。例如，蔡（2001）及李等（Lee et al.，2001）的研究发现，吸收能力与网络位置的交互作用对部门的创新和绩效有显著的正向影响，由此表明吸收能力调节网络位置对创新绩效的影响；伊斯克里巴诺等（Escribano et al.，2009）认为拥有更高吸收能力的企业将会从外部知识流中获得更大的利益；贝尔（2005）在研究集群效应、网络位置对企业创新时也提出有必要将企业层面特定能力（如吸收能力）纳入到企业创新的研究中来。因而，我们应该考虑企业外部网络位置、内部吸收能力的综合影响，将它们的交互效应纳入到对创新的研究中来。

3.3.1　知识获取的调节作用

中心性高的企业在网络中可以获得丰富的信息和资源（Powell et al.，1996），结构洞丰富的企业可以触及到差异化的信息和独特的知识（McEvily and Zaheer，1999），但由于企业资源的有限性和管理者能力的限制，企业不可能对所有的信息、资源加以获取和应用，需要从大量外部知识中甄别出对创新有价值的信息，只有获取企业所需的新知识才能在创新中体现出价值来。因此，企业知识获取能力越强，企业在网络位置中就可以获得越高的创新绩效。由此，我们提出如下假设：

H4：企业的知识获取能力正向调节网络位置与创新绩效的关系。

H4a：企业的知识获取能力正向调节中心性与创新绩效的关系。

H4b：企业的知识获取能力正向调节结构洞与创新绩效的关系。

3.3.2 知识消化的调节作用

企业通过占据优势网络位置获得的信息和资源并不必然产生创新，因为企业还需要理解和解释信息的能力（Lane and Lubatkin，1998）。因克潘（Inkpen，2000）的研究表明，企业的学习结果还依赖于企业自身在知识消化方面的努力和能力，拥有越强消化能力的企业越能对信息做出正确的理解和解释，从而获得更高的创新绩效。此外，对于所获得的多样化信息，企业需要在现有的认知框架内对这些信息进行理解与整合（McEvily and Zaheer，1999），这些都依赖于企业的知识消化能力。因此，企业知识消化能力越强，企业在网络位置中就可以获得更多的创新收益。由此，我们提出如下假设：

H5：企业的知识消化能力正向调节网络位置与创新绩效的关系。

H5a：企业的知识消化能力正向调节中心性与创新绩效的关系。

H5b：企业的知识消化能力正向调节结构洞与创新绩效的关系。

3.3.3 知识转换的调节作用

企业的知识转换能力担负着将新信息整合到现有知识结构中的责任，面对从企业外部获取、消化而得的新知识，知识转换能力可以通过独特新颖的方式进行信息组合从而实现创新（Van de Ven，1986），还可以从不同的角度对相同的知识做出解释来实现创新（Zahra and George，2002）。因此，拥有越强知识转换能力的企业对新知识的转换就越为高效，企业在网络位置中就可以获得越多的新知识，从而得到越高的创新绩效。由此，我们提出如下假设：

H6：企业的知识转换能力正向调节网络位置与创新绩效的关系。

H6a：企业的知识转换能力正向调节中心性与创新绩效的关系。

H6b：企业的知识转换能力正向调节结构洞与创新绩效的关系。

3.3.4 知识应用的调节作用

企业从外部获得的所有信息，最终都必须通过转变成新产品、新流程、新知识或新的组织形式才能在创新绩效中体现出价值来，而这一转变过程依赖于企业知识提炼、扩展、平衡或创造能力的支持，即需要企业的知识应用能力加工才能在创新绩效中实现（Zahra and George，2002）。因此，知识应用能力可以将企业在网络位置中获得的信息优势放大，并最终变成创新绩效。由此，我们提出如下假设：

H7：企业的知识应用能力正向调节网络位置与创新绩效的关系。

H7a：企业的知识应用能力正向调节中心性与创新绩效的关系。

H7b：企业的知识应用能力正向调节结构洞与创新绩效的关系。

3.4 网络位置、吸收能力与创新绩效的关系模型

网络学派强调企业外部网络位置影响企业创新绩效，而基于企业内部能力观的学者认为吸收能力才是决定企业创新绩效的最重要因素。本研究认为上述两种观点不是水火不容的，而应该整合起来

看待，只有综合考虑网络位置与吸收能力才能更全面地了解企业创新绩效的影响机制。本章在前人研究的基础上，综合了这两种观点，并根据理论推演和分析提出本章的理论框架，如图 3-1 所示。

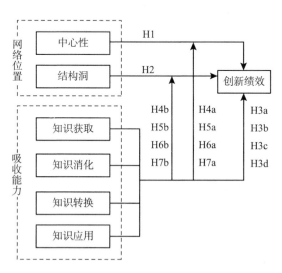

图 3-1　网络位置、吸收能力与企业创新绩效的关系模型

　　具体而言，我们从学界最常用的网络位置的两个指标——中心性和结构洞角度来探讨网络位置对企业创新绩效的影响，从网络位置视角解答为什么在现实的合作创新中，企业同处于一张合作网络中创新绩效却不同。我们认为，不同的企业在合作创新网络中所处的位置是不同的：有些企业占据网络核心位置，具有中心性高的网络特征，而另一些企业可能处在网络边缘位置，具有中心性低的网络特点；还有些企业跨越的结构洞数目较多，而另一些企业跨越的结构洞数目较少。我们提出，企业的中心性与创新绩效正相关（H1）、企业占据的结构洞数目与创新绩效正相关（H2）。正是这些企业网络位置的差异导致了企业创新绩效的不同。

此外，根据詹森等（2005）的观点，很少有研究关注吸收能力的多维度性质，因此本研究还强调吸收能力多维度的性质，认为吸收能力是解释企业创新绩效差异的原因之一。具体而言，我们将吸收能力划分为四个维度——知识获取、消化、转换和应用，并提出，企业的知识获取能力、知识消化能力、知识转换能力、知识应用能力与创新绩效正相关（H3、H3a～H3d）。

我们认为，即使企业拥有高中心性和丰富结构洞的网络位置优势，但这些位置优势对企业创新绩效的影响还依赖于企业自身吸收新知识的能力，企业良好知识获取、消化、转换和应用能力可以放大网络位置对创新绩效的影响，因此，本章提出了知识获取能力、知识消化能力、知识转换能力和知识应用能力正向调节中心性、结构洞对创新绩效的影响作用（H4、H4a、H4b、H5、H5a、H5b、H6、H6a、H6b、H7、H7a、H7b）。

综上所述，我们提出网络位置、吸收能力与企业创新绩效的关系模型。

3.5 本章小结

本章在文献综述的基础上，构建了本章的研究模型。在对相关变量的关系进行探索时，笔者不但参阅了大量的国内外相关研究，还在参考相关理论的基础上，结合本研究的实际背景，作了一些探索性的分析。如基于蔡（2001）等学者的研究，尝试探讨了吸收能力的四个维度对于网络位置与创新绩效的调节作用。本章探讨的具体变量之间的关系有：

1. 网络位置与创新绩效

通过文献梳理，我们发现通常用来衡量网络中各节点位置的指标是中心性、结构洞程度。本研究认为，这两类网络位置指标基本可以反映企业在网络中位置的基本状况，因而分别从中心性和结构洞程度两个方面探索了它们与企业创新绩效提升的关系，最终提出两条假设：企业的中心性与创新绩效正相关；企业占据的结构洞数目与创新绩效正相关。

2. 吸收能力及其各维度与创新绩效

以往的相关研究中，对吸收能力各维度的划分并不统一，本章基于第 2 章吸收能力维度划分的相关研究，认同扎哈拉和乔治（2002）关于吸收能力四个维度的划分，并对吸收能力及其四个维度对创新绩效影响的相关研究进行了回顾总结，由此提出五条假设——企业的吸收能力/知识获取能力/知识消化能力/知识转换能力/知识应用能力与创新绩效正相关。

3. 吸收能力各维度对网络位置与创新绩效的调节

本研究引入吸收能力作为调节变量主要受蔡（2001）、李等（2001）、贝尔（2005）、伊斯克里巴诺等（2009）等文献的启发，认为良好的网络位置固然可以为企业提供获得创新利益的位置优势，但这种位置对企业创新绩效的影响还依赖于企业自身吸收新知识的能力，良好的网络位置只是企业创新的必要但非充分条件。由此，结合本研究前述对吸收能力维度的划分，我们分别提出吸收能力各维度正向调节企业两类网络位置与创新绩效关系的四条主假设和八条子假设，合计十二条。

第4章

研 究 设 计

第3章提出了本书的理论观点，但这些理论观点尚需经验数据的实证检验。本章首先对本研究的资料收集方法和数据分析方法及其依据进行具体介绍。其次，对本研究假设检验中的因变量、自变量、控制变量的选择、测量方法进行具体介绍。最后，对本研究产业选择的依据进行阐述，并对被选产业的概念、特征及其在整个国家、广东省、深圳市层面的发展现状进行分析总结，从而论证本研究选取深圳地区 IC 产业作为研究对象的可行性；最后介绍本章的抽样方法及其理论依据。

4.1　数据收集与处理方法

4.1.1　资料收集方法

本节的资料收集方法采用问卷调查法。其中，对企业合作网络资料的问卷设计方法借鉴了社会网络分析中的提名生成法（name-generator）。提名生成法应用相当广泛，目前已经形成一套成熟的流程和处理方法，被证明具有较高的信度和效度（Campbell et al.，1986）。例如，美国综合社会调查（general social survey）在 1985 年做的一项社会调查，该调查询问每一位被调查者如下问题"回顾过去六个月，哪些人曾与您讨论过个人私事"，这是一种典型的提名式问卷调查形式。贝尔（2005）用问卷方法来调查管理者的管理网络（managerial network），具体而言，询问首席执行官有关友谊、信息及咨询网络的情况，由此勾勒出企业的管理网络。此外，蔡（2001）关于各部门在组织网络内所处位置的提问方式也属于提名式。提名生成法主要的任务有两个：第一是得到一群名字；第二是了解关系人中间会有什么关系（社会网络图），由此得到一个网络结构。具体而言，本研究通过问卷询问被调查企业分别"在深圳市内、国内（除深圳市）、国外 IC 产业中与贵企业进行密切技术合作的企业有哪些?"，要求各填写 3 ~ 10 家企业。之所以没有对填写数目规定一个定数，是为了防止所有企业给定的企业资料很一致，例如，每个企业都填写 10 家，这样会出现某些企业给定一些不重要的企业资料。通过这种提名的方法可以得到一群企业名称，以及这些企业间是否有合作关系的信息。

此外，本节还吸纳了诺克和库克林斯基（Knoke and Kuklinski，1982）的思想，将完成问卷的时间控制在 15 分钟内。因为，根据诺克和库克林斯基（1982）的观点，降低社会网络分析测量误差的方法之一是要尽量杜绝问卷给被访者带来的访谈疲劳（interview fatigue），因为过长的量表容易造成回答者的疲劳、焦虑、注意力下

降，使得测量的质量大受影响；但同时，如果量表题项过少也容易
使被调查者受到已经回答的题项的影响，从而增加先前的反应影响
当前题项反应的可能性（Harrison et al., 1996），减少了先前的反
应在短时记忆中的消退，从而增大内容上相近的题项之间的反应一
致性。总之，量表过长会增大由于被调查者的疲劳和粗心造成的偏
差，量表过短则会增大先前题项的反应影响当前题项反应的可能性
（刘军，2009）。

4.1.2 数据处理方法

UCINET（University of California at Irvine NETwork）软件最初由
加州大学欧文分校的社会网络研究的权威学者弗里曼（Linton Free-
man）编写，后来主要由波加蒂和伊弗里特（Stephen Borgatti and
Martin Everett）对该软件进行维护更新。这是一个具有通用目标、
易于使用的程序，它还涵盖了一些基本的图论概念、位置分析法和
多维量表分析法等，该软件可以计算一系列的社会网络特征参数，
可以方便地分析储存于 Microsoft Excel 表格中的数据。使用 UCINET
软件的好处是本书测量企业网络位置参数的多数算法都已内置于该
软件，并且，UCINET 软件中的网络建构及分析程序都已通过了广
泛的检验，从而能够确保测量的效度和精度。该软件 6.0 及以上版
本中新加入了克拉克哈德特（Krackhardt）以及弗里曼等人发展的
社会网绘图软件，涵盖了 Netdraw 的相关功能。在 6.0 及以上版本
中，全部数据都用矩阵形式存储、展示和描述，可以处理 32767 个点
的网络数据。本章将应用 UCINET6.214 软件计算企业网络位置参数。

除了 UCINET6. 214 软件，本章还利用 SPSS15. 0 软件对相关数据进行探索性因子分析并应用 LISREL8. 72 软件进行验证性因子分析，在进行了信度及效度检验后，我们应用 SPSS15. 0 软件进行多元回归分析。

4.2　变量的测度

"权，然后知轻重；度，然后知长短"，这表明对事物进行度量的必要性与重要性。本节基于前述理论分析，提出了 19 条假设，为了对这些假设进行定量检验，需要对假设中提到的相关变量进行测量。具体而言，本节需要测量的因变量有企业创新绩效；自变量有企业中心性、结构洞、吸收能力（也是调节变量）；控制变量有企业规模和企业年龄。

4.2.1　因变量

在测量企业创新能力时，学术界通常借鉴费尔德曼（Feldman，2000）关于创新的定义，即创新是生产过程对新技术的采纳，以及新产品①的创造。经验研究中，关于企业创新绩效的测量方法多种多样：一些研究使用新产品发布的数目测量创新（Acs and Audretsch，1988）；一些研究使用 R&D 开支作为企业创新能力的近似（Henderson and Cockburn，1994）。但由于新产品发布具有较长的时

_____

①　从突破性的产品到小幅改进的产品都属于新产品。

滞期，在截面研究中很难通过企业新产品发布的数目来考察企业当期的创新情况。此外，我国 R&D 统计制度不成熟，自 2000 年开始我国才在科技投入核算体系中加入了 R&D 指标，并于同年开展全国性的 R&D 资源清查工作，此后将 R&D 统计纳入常规统计制度当中。但尽管如此，有关单个企业的 R&D 投入数据仍然难以获取。

还有较多学者采用专利数来测量企业的创新能力（Trajtenberg，1990；Harhoff et al.，1999；Ahuja，2000），因为专利直接与发明独创能力相关。经验研究表明，专利与诸如新产品开发（Comanor and Scherer，1969）、创新和发明数（Kleinecht，1982；Basberg，1983；Achilladelis，Schwarzkopf and Clines，1987）、销售增长（Scherer，1965）这些指标高度相关。然而，使用专利数来测量创新绩效也存在一定的缺陷（Griliches，1990）。因为，首先，某些发明可能并不具备申请专利的所有条件，而这些条件中有些与产品/技术的创新性根本没有必然联系；其次，某些发明出于战略原因（如避免引起竞争者关注）也不愿请准专利；再次，企业申请专利的倾向性也不尽相同（Cohen and Levinthal，1989；Griliches，1990），例如，比较看重知识产权的企业更重视专利申请，而知识产权保护意识比较淡薄或认为申请专利保护的成本高于收益的企业在专利申请方面自然就迟疑很多。事实上，重科技成果而忽视专利保护在我国仍然是一个普遍性的问题，据资料统计，我国科技界省部级以上科研成果申请专利的比重不足 10%（李立，2000）。因此，本研究认为，在中国的国情下，使用专利数作为创新的测量项也是不合适的。

因此，本研究根据贝尔（2005）、里特和格穆登（Ritter and Gemünden，2004）的研究，采用五个五分值题项对创新绩效进行测量。主观创新绩效的测量方法在国内外也得到了诸如韦影（2007）、戴耶和宋（Dyer and Song，1997）、宋等（Song et al.，2006）学者的认可。具体测量量表如表 4 - 1 所示。

表 4 - 1 创新绩效测量量表

测量题项
与同行相比，我们常常在行业内率先推出新产品/新服务
与同行相比，我们常常在行业内率先应用新技术
与同行相比，我们的产品改进与创新有非常好的市场反应
与同行相比，我们的产品包含一流的先进技术与工艺
与同行相比，我们新产品开发成功率非常高

4.2.2 自变量

1. 中心性

常见用来测量中心性的指标有程度中心性、中介中心性、特征向量中心性和接近中心性。罗家德（2005）认为，当网络图不是完全相连的时候，计算接近中心性无任何意义可言，正是这一原因使该指标很少用。我们用 Netdraw 2.084 软件绘制出企业合作网络图时发现企业间不是完全相连的，因此，本研究不采用接近中心性指标，而选用程度中心性、中介中心性、特征向量中心性三个指标，并利用主成分分析法在三个指数中抽取出一个公共因子来衡量企业的中心性。

2. 结构洞

在衡量结构洞的众多指数中，"约束"指数是最受关注并应用最广泛的。约束是一个高度概括性的指数，能够有效地测度企业结构洞的匮乏程度。约束越高，表明行动者拥有的结构洞越少，因此"约束"通常与绩效呈反向关系（Burt，2005）。同时，因为"约束"指数的最大值为 1，为方便起见，学者们常用 1 与"约束"的差来衡量结构洞丰富程度（Zaheer and Bell，2005）。在本研究中，我们利用 UCINET6.214 软件计算出各被调查企业的约束值，进而通过计算 1 与"约束"值的差得到对应企业的结构洞丰富程度。

3. 吸收能力

在早期的吸收能力研究中，很多学者以研发费用作为吸收能力的代理变量，这主要沿袭了考恩和利文索尔（1990）最初关于吸收能力测量的传统。随着对吸收能力研究的深入，学者们已经不满足于用简单的代理变量对吸收能力进行测量，并认为吸收能力应该是一个多维度的概念。本研究认同扎哈拉和乔治（2002）将吸收能力划分为四个维度——知识获取、知识消化、知识转换和知识应用，并采用持相同观点的詹森等（2005）发表在管理学权威杂志 *Academy of Management Journal* 上的七分值量表。如表 4 - 2 所示。

表 4 - 2　　　　　　　　　　吸收能力测量量表

维度	测量题项
知识获取	员工经常参观其他企业
	为获取新知识经常与其他企业进行交流
	员工通过非正式渠道获取业内信息
	其他企业与我公司的交流很少（反向题）
	经常与第三方机构交流，如会计师事务所、咨询公司等
	定期与顾客或第三方机构组织活动来获取新知识

续表

维度	测量题项
知识消化	能够快速分析和理解变化的市场需求
	员工比较擅长把外部新技术吸纳到公司内部
	能快速理解外部技术/服务机遇
	对于市场变化反应比较迟钝（反向题）
知识转换	定期讨论市场发展趋势和新产品开发事宜
	密切跟踪新产品/新服务的市场需求变化
	能快速识别外部新知识对公司是否有用
	很难从外部新知识中获得对公司发展有利的机会（反向题）
	员工会主动学习并积累未来可能用到的新知识
	员工很少分享实践经验（反向题）
知识应用	我公司经常推敲如何更有效地应用知识
	我公司推行新产品/新服务存在一定的困难（反向题）
	我公司各部门有清晰的责任分工
	员工对公司产品和服务有共同话题
	我公司对顾客的抱怨视而不见（反向题）
	员工都清楚公司各项活动应如何执行

4.2.3　控制变量

1. 企业规模

按照考恩和莱文（Cohen and Levin, 1989）的传统，在分析创新绩效时有必要对企业规模进行控制。研究发现企业规模对创新产出有显著影响（Shan et al., 1994），因为大企业拥有更多的资源来强化创新绩效，更可能在创新方面获得政府和其他机构的支持；大企业可能拥有更广泛的产业联系，由此导致更广泛的个人网络和更多的知识联盟机遇（Eisenhardt and Schoonhoven，1996；Stuart，1998）[①]；此外，规模也可能影响一个企业作为联盟伙伴的吸引力，因为大企业拥有更广的市场覆盖面和接近大量用户群的途径（Stuart，1998）。本研究认为，企业规模可能对创新绩效产生影响，但不是本节的研究重点，因此，本节将企业规模作为控制变量处理。

具体测量时，斯图阿特（Stuart，1998）用企业的年销售额作为企业规模的代理变量。蔡（2001）利用销售额和雇员人数两个指标作为测量规模的变量。但由于在我国多数企业不愿提供像企业销售收入这样的财务数据，因此本节利用企业雇员人数来测量企业规模，因为拥有较多雇员的企业会雇佣更多的人员从事 R&D 活动，因此相比 R&D 从业人员较少的企业来说会获得更多的创新产出（Ahuja，2000）。本研究按雇员人数将企业规模分为四个级别，具体而言，以 1 代表 100 人以下，2 代表 100～499 人，3 代表 500～1000 人，4 代表 1000 人以上。

2. 企业年龄

图什曼和安德森（Tushman and Anderson，1986）及亨德森（Henderson，1993）认为在位企业拥有一整套成熟的信息处理规范或流程，这些规范或流程对于企业沿着已有的技术轨迹实现渐近式创新非常有用。因此，随着时间的流逝，企业的基础性知识会得到积累，因而组织的创新会随着年龄的增长得到强化。山等（Shan et al.，

---

① 德国科伦大学经济与社会地理系教授斯登伯格（Rolf Sternberg）对德国汉诺威—布伦兹维克—越廷根研究三角带、萨克森、巴登进行了综合调查，发现随着企业规模的扩大，企业的外部联系性增强。在被调查的有创新活动的制造业企业中，少于 20 人的小企业中 80％存在与产品或工艺过程有关的外部联系，而这一数据在多于 500 人的大企业中是 95.8％。如果用较为严格的"联合研究与开发项目"来衡量企业的创新联系的话，结论是一样的，即无论企业位于何处，企业的外部联系随企业规模的扩大而增强（土绪慈，2001）。

1994）认为老企业有更多的时间来开发产品，因此拥有更多的创新产出。索仁森和斯塔特（Sorensen and Start，2000）以及萨尔曼和赛弗斯（Salman and Saives，2005）认为企业的年龄会影响它们申请专利的速率，因而对企业的创新绩效有影响。符正平和曾素英（2008）关于产业转移的实证研究认为年龄越大的企业拥有更多的关系资源、知识和技术，因而会对其行为模式产生影响。

本研究认为，企业年龄可能对创新绩效产生影响，但不是本节的研究重点，因此，本节将企业年龄作为控制变量处理。按学界的普遍做法，我们用 2009 年（问卷回收年份）与企业创办年份的差作为企业年龄。

4.3 研究对象的确定与抽样方法

4.3.1 研究对象的概念与发展概况

1. 产业选择及被选产业概念界定

国外大多数关于网络位置及创新的相关研究都选择高新技术产业作为研究对象（如制药行业、生物技术行业等）①。本研究涉及创新与合作网络，因此研究对象最好具有明显的创新与企业间合作的特征。我们认为，IC 产业技术更新速度快、企业创新能力强，行业

---

① 高新技术产业与传统技术产业有着实质性的区别。从生产要素的组合上来说，它是技术密集型的，需要大量的研究与发展资源的投入；从组织上来说，它需要更多地将企业与大学、科研机构以及政府、社区结合为一体，从而缩短生产者及用户之间的距离，缩短产品开发的周期，因而高新技术产业更需要创新的企业家精神和各种组织之间的合作精神（李新春，2000）。

内有"摩尔定律"的说法，即产品性能每隔 18 个月翻一番，可见创新在该行业具有重要地位；另外，在 IC 产业中，上游的设计企业属智力密集型，中游的制造企业属资本技术密集型，而下游的封装、测试企业属劳动密集型，三种不同类型的企业为了充分发挥各自的优势天然般地形成了密切合作的特点。通常，一个 IC 新产品的诞生需经过设计企业和制造企业的多次交流往返，并通过测试后才可以进入批量生产阶段。因此，IC 产业具有创新力强、企业间合作广泛的特点，符合本研究的要求。

集成电路是电子信息产品的核心部件，广泛应用于资讯、通信、消费类电子、工业仪器、运输和国防太空等领域，被称作"电子信息产业原油"。由于其对于电子信息产业的先导地位，一国 IC 产业的技术水平代表了一个国家在国际电子信息产业中的地位，被誉为现代 IT 产业的"心"和"魂"，是改造和提升传统产业的核心。IC 产业按工艺流程大致可以分为以下四个环节：①IC 设计。IC 设计是集成电路生产的第一道工序，它从定义产品功能开始，接着进行逻辑电路设计、模拟验证与图形布局，最后将电路图形转化成为制光罩用的电子资料存储在磁带上。IC 产品设计的好坏直接与终端产品受欢迎程度挂钩，因此，IC 设计业与终端市场互动也越来越密切。当今，IC 设计已经成为 IC 工艺流程中智力密集度最高的环节，直接影响着终端产品的性能。②IC 制造。IC 制造业包括光罩制作和晶圆制造。光罩制作工序主要是将 IC 设计环节完成的图形布局转化为电路图并成像在石英玻璃上，为后续晶圆制造提供线路图。晶圆制造工序主要是将设计好的线路图形制作在硅片晶圆上，晶圆经过切割即形成电子设备的芯片。晶圆越大，芯片的生产成本就越低，但要求的技术也越高。③IC 封装。封装是指在晶圆制造完成后，用塑料、陶瓷等材料将芯片封包起来，以实现安放、固定、密封、保护芯片和增强芯片导热性能的目的，并作为沟通芯片内部世界与外部电路的桥梁——芯片上的接点用导线连接到封装外壳的引脚上，这些引脚又通过 PCB（印制电路板）上的导线与其他器件建立连接。因此，封装技术水平直接影响到芯片自身性能的发挥和与之连接的PCB 的设计与制造。④IC 测试。IC 产品的测试与封装经常同步进行，主要有前期测试和后期测试。前期测试主要对整片晶圆上的晶粒做缺陷检测，目的是对优良晶粒、不良晶粒以及可以修复的晶粒进行筛选分类，并将各种类别的晶粒位置存储于电脑档案，或者以颜色标记在晶粒上，以便在后续流程中分别处理；后期测试主要指成品测试，也就是确认 IC 产品的功效、速度、容忍度、电力消耗、电力放射以及热力发散等属性是否正常（吴聘奇，2008）。

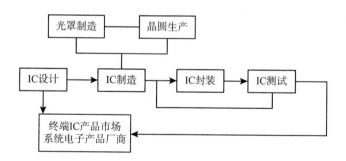

图 4 - 1　IC 产业主要工艺流程

资料来源：根据相关资料整理所得。

2. IC 产业特征

（1）IC 产品生命周期短，技术密集度高

集成电路技术进步遵循摩尔定律，即 IC 集成度平均每 18 个月

翻一番，进入 80 年代后约为每 3 年翻四番。摩尔定律之所以继续有效，主要靠全球半导体产业的两大轮子推动：一是不断缩小芯片尺寸的轮子，推动芯片朝微型化、高密度化、高速化、高可靠化和系统集成化方向发展；二是不断扩大晶圆尺寸的轮子，旨在提高芯片产量和降低芯片成本。

此外，IC 产业新技术层出不穷，系统芯片技术、神经网络芯片、砷化镓、锗硅技术、纳电子技术、真空微电子技术、微电子机械系统技术和生物芯片等已经或即将成为新的技术发展领域。由于 IC 产业技术更新速度非常快，世界半导体协会（World Semiconductor Council，WSC）每年都会更新集成电路技术路线图。该产业的高技术密集度也对企业的研发和创新提出了较高的要求。

（2）IC 研发投入高昂，资本密集度高，风险较大

集成电路产业不但是知识密集和技术密集型产业，也是投资密集型产业，是当前信息产品制造业中投资额最大的产业，尤其是集成电路制造业，堪称"吞金业"。据市场调研公司 IC Insights 2007 年数据显示，20 世纪 70 年代建立一个 3 英寸生产线投资额仅 0.25 亿美元，而现在建立一个标准的 8 英寸生产线投资额约需 10 多亿美元，而 12 英寸生产线投资额更是高达 20 亿美元，一台浸润式光刻机就需要 4 亿～5 亿元人民币。2008 年 3 月 26 日，Intel 宣布在中国大连投资建立 12 英寸晶圆工厂，投资额就高达 25 亿美元。由于 IC 产业技术更新速度快，厂商为了维持技术的领先，还需要不断在设备和研发方面投入巨额资金。从全球平均来看，各大厂商历年设备投资占销售额的比重都在 20% 以上。随着技术不断进步，集成电路行业的资本密集度将不断提高。

此外，IC 产业的投资风险也非常高。巨额设备投资必须靠大规模量产才能收回。经验表明，集成电路在其发展的各个阶段，客观上都存在一个投资强度的阈值，如果达不到这个阈值，就不能形成该阶段的规模经济。许多芯片制造企业在投产的前几年大多处于亏损状态。从国际上看，半导体厂没有一家前 5 年能赚钱，比如台积电实现盈利花了 6 年，台联电则用了 9 年。

（3）IC 产业对企业间合作互动要求比较高

产业链上下游企业密切合作才能成为产业发展的润滑剂和催化剂。集成电路产业各工艺流程企业的特点差异决定它们必须进行密切合作。因为，上游的 IC 设计企业属于智力密集型；晶圆制造企业属于资本技术密集型；而下游的封装、测试企业属于劳动密集型企业，技术和资金门槛相对上游来说较低。由此，IC 产业形成了"垂直分工"的特点。尤其是，IC 产业最为关键的环节是集成电路的设计和制造，这两个环节间的配合与衔接决定了 IC 产业的整体竞争力。

此外，国际经验表明，IC 技术的快速发展、设备和工艺的快速更新，以及 IC 产业巨大的资本和研发投入，都是在企业广泛合作的基础上实现的。因此，为分担风险、共享利益，各大公司积极联盟与合作、共同组成国际行业协会、发布发展路线图、合作开发设备和工艺技术。如美国的 SEMATECH（Semiconductor Manufacturing Technology，半导体制造技术）、SIA（Semiconductor Industry Association，半导体工业协会）、欧洲的 IMEC（Inter-universities Micro - Electronics Center，比利时微电子研究中心）等都促进了 IC 产业国际合作格局的形成。近年来，国外企业与我国大陆企业的合作互动越来越密切，我国 IC 产业的企业也意识到国内、国际合作的重要性，迈出了国际合作的步伐。例如，深圳地区的 HS 公司（化名）作为一个专业的晶圆代工厂商，没有自己的产品品牌，也没有自己的设计队伍。在这种情况下，HS 公司就必须依赖它的客户，主要是无晶圆工厂的（fabless）设计公司和提供设备的公司。从一开始，HS 公司就有目的地选择客户，与客户建立长期的合作关系，在紧密的合作中完成生产，共同发展。HS 公司与许多关键客户有合作关系，客户们带来了各种各样的设备，为 HS 公司提供了试验新的生产技术的机会。HS 公司就曾用 Etron 的 SRAM 来测试其生产技术，并成功地将其投入大批量生产。

3. 我国 IC 产业发展现状

我国大陆第一块集成电路诞生于 1965 年，与美国相差五年，同日本起步时间相当，在四十余年的发展过程中共经历了四个重要阶段：

第一阶段（1965～1978 年）：以计算机和军工配套为目标，以逻辑电路为主要开发产品，初步建立集成电路工业基础及相关设备、仪器、材料的配套条件。

第二阶段（1978～1990 年）：引进美国二手设备，改善集成电路装备水平，在"治散治乱"的同时，以消费类整机作为配套重点，较好地解决了彩电集成电路的国产化。

第三阶段（1990～2000 年）：以 908 工程、909 工程①为重点，

---

① "908 工程"是指国家发展微电子产业 20 世纪 90 年代第八个五年计划，"909"是指第九个五个计划。两大工程的主体企业分别是华晶和华虹，投资额分别为 20 亿元和 100 亿元。"908 工程"1990 年启动建厂，历时七年建成投产，投产时华晶的技术水平已大大落后于国际主流技术 4～5 代，投资结果不尽人意。"909 工程"虽然取得了很多成果，如建成了国内第一个 8 英寸生产线，但与国际领先水平的差距还是很大。

以 CAD 为突破口，进行研发攻关和科研基地建设，主要为信息产业服务。

第四阶段（2000 年至今）：此阶段是以中芯国际的成立为重大转折的实力跃升阶段。中芯国际一期投资额超过 16 亿美元，主要生产国际主流水平的 8 英寸和 12 英寸晶圆、0.13～0.25um 的芯片，是目前国内投资规模最大、技术水准最高的芯片制造企业。此外，从 2000 年开始，科技部先后批准建立了八个国家集成电路设计产业化基地，这八个基地就像八个火种，燎原了中国集成电路设计产业。

经过上述四个阶段的发展，我国大陆的 IC 产业已具备一定的规模。从进出口规模来看，以 2004～2008 年为例，这五年我国 IC 产业进出口量和进出口额都保持稳步增长。特别是受 2008 年国际金融危机的影响，我国 IC 产业进出口仍保持一定的增长，只是增长率较 2007 年有所下滑。具体如表 4-3 和图 4-2 所示。

表 4-3　　　　2004～2008 年我国 IC 产业进出口总体情况

年份	出口量（亿块）		出口额（亿美元）		进口量（亿块）		进口额（亿美元）	
	绝对数值	增长率	绝对数值	增长率	绝对数值	增长率	绝对数值	增长率
2004	166.3	23.2	109.9	78.7	583.7	33.9	546.2	52.6
2005	226.1	36.0	143.9	30.9	765.6	21.2	815.5	33.6
2006	333.0	52.4	213.1	48.1	874.0	23.1	1063.2	30.4
2007	407.0	22.2	235.4	10.5	1233.0	41.1	1277.8	20.2
2008	484.8	19.1	243.2	3.3	1353.8	9.8	1292.6	1.2

资料来源：中国海关网站。

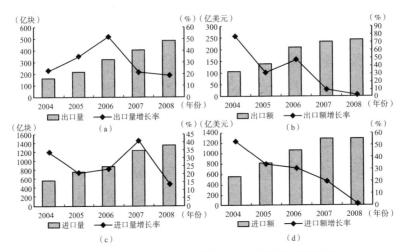

图 4 − 2   2004 ~ 2008 年我国 IC 产业进出口走势图

从我国大陆整个 IC 产业销售额来看，2003 ~ 2007 年我国 IC 产业销售额稳步增长，年均增长率达 36.5%，销售额占全球比重也呈逐年递增趋势。IC 产业的三个主要环节的销售额也呈逐年递增态势，其中，以 IC 制造业年均增长速度最快，但 2007 年封装测试业的增长率在三业中达到最高。三业销售额占全球比重由高到低依次为封装测试业、制造业、设计业。具体如表 4 − 4 所示。

表 4 − 4   2003 ~ 2007 年我国 IC 产业销售额在全球的地位

指标	2003	2004	2005	2006	2007
销售额（亿元）	351.4	545.3	702.1	1006.3	1251.3
增长率（%）	30.9	55.2	28.8	43.3	24.3
占全球比重（%）	3.0	3.7	4.4	6.1	7.5
设计业销售额（亿元）	44.9	81.8	124.3	186.2	225.7
增长率（%）	107.9	82.1	52.5	49.8	21.2

指标	2003	2004	2005	2006	2007
占全球比重（%）	12.8	15.0	17.7	18.5	18.0
制造业销售额（亿元）	60.5	180	232.9	323.5	397.9
增长率（%）	80.3	197.5	28.5	38.9	23.0
占全球比重（%）	17.2	33.0	33.2	32.1	31.8
封装测试业销售额（亿元）	246	283.5	344.9	496.6	627.7
增长率（%）	15.4	15.2	22.1	43.9	26.4
占全球比重（%）	70	52	49.1	49.3	50.2

资料来源：《中国信息产业年鉴（电子卷）》（2008年），《中国信息年鉴》（2008年）。

但是与世界先进国家和地区的IC产业相比，我国还存在着多方面的差距。

首先，产业链结构有待完善。我国大陆IC产业经过多年的发展，已经初步形成设计业、芯片制造业和封装测试业三业并举、协调发展的格局。从IC产业销售收入完成情况来看，2003年，设计业、制造业和封装测试业占全球销售额的比重分别为12.8%、17.2%和70.0%，2007年，三业构成变为18.0%、31.8%和50.2%，这一构成与国际公认的3∶4∶3的三业比例相比仍有一定距离，表明我国封装测试业强而设计业弱。

其次，技术水平较发达国家仍有差距，核心技术受制于人。我国集成电路行业技术水平落后，集成电路生产的各个环节都与国际先进水平存在一定的差距。在设计方面，目前国内部分IC设计企业技术已达到较高水平，企业的主流设计开发水平是0.13~0.25um，部分设计水平突破90nm进入纳米级设计，但仍落后于国际领先的设计水平 45nm 级（2007 年英特尔已经大规模生产 45nm 产品）。在芯片制造方面，国际主流制造技术的晶圆尺寸是 12 英寸，但国内 8 英寸生产工艺仍占多数；国内最大的集成电路企业——中芯国际也只能通过与 IBM 签订工艺授权合同才能实现 45nm 级工艺量产。在制造这一环节上，国内厂商至少落后于国际先进水平一代。从封装测试技术来看，国内企业还是以中低档技术为主，少数企业在中高档封装技术上实现量产，但中高档封装技术核心知识产权多掌握在国外巨头的手中。此外，拥有核心知识产权和巨大产能的欧美、日本和中国台湾，出于政治目的，对我国大陆芯片产业的发展一直给予限制，如美国高科技出口管制条例《瓦森那协议》Wassenaar Arrangement① 规定，美国的高科技公司只能向国外授权落后两代的技术。

最后，产业垂直整合能力较低。

IC 产业的整个产业链包含设计、制造、测试、封装等诸多环节，只有整条产业链上下游企业协同合作才能够按照最初设计的要求把芯片做出来。任何一个环节有所突破，对其他环节都能起到带动作用；而任何一个环节滞后，对其他两个环节也会带来负面影响。在这方面国内 IC 设计企业仍面临较大挑战。我国大陆 IC 设计和系统整机企业常常各自为战，互动和联动机制较弱，导致产业链严重脱节，协作配合十分薄弱，上游 IC 设计公司很难理解、把握客户和市场的真正要求。产业链存在"分工有余，合作不足"的危险。

---

① 瓦森那协议共有 33 个会员国，目的是建立发达工业化国家的共同出口控制机制，对具有军事及商业用途的产品加以管制，如高科技之半导体设备、加密软件以及夜间监视设备等。

4. 广东及深圳 IC 产业在全国的地位

由 2000~2008 年我国主要地区规模以上企业集成电路产量可知，广东集成电路产量在国内一直位列第二或第三位。集成电路产量占全国的比重 2004 年跌入低谷，2008 年又回升至 2001 年的高位，占全国比重仅低于江苏。从集成电路产量的增长率来看，2003~2006 年都低于江苏，但 2007 起增长率开始超过江苏，2008 年增长率更是高出江苏 19.20 个百分点。具体如表 4-5 和图 4-3 所示。

表 4-5　　2000~2008 年我国主要地区规模以上企业集成电路产量

区域	2000	2001	2002	2003	2004	2005	2006	2007	2008
全国（亿块）	58.80	63.63	96.31	148.31	235.51	269.97	335.75	411.62	417.14
广东（亿块）	11.76	17.47	22.58	39.34	46.95	56.37	73.20	86.43	114.31
江苏（亿块）			21.00	36.86	62.81	82.02	114.65	128.39	145.15
上海（亿块）	23.93	22.53	33.95	39.73	54.87	67.70	64.05	89.11	83.05
广东（%）	20.00	27.46	23.45	26.53	19.94	20.88	21.80	21.00	27.40

资料来源：《中国统计年鉴》（2001~2009）；《广东统计年鉴》（2001~2009）；《江苏统计年鉴》（2003~2009）；《上海统计年鉴》（2007~2009）。

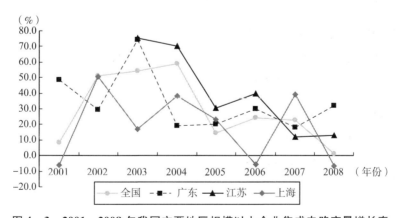

图 4-3　2001~2008 年我国主要地区规模以上企业集成电路产量增长率

由 2004～2008 年广东集成电路和电子件进出口量和金额的统计可知，广东集成电路和电子件进出口量和进出口额都处于逆差状态；进出口量和进出口额的增长速率近年来都有收窄的趋势，尤其是 2008 年出口额同比下降 2.14 个百分点。具体如表 4－6 所示。

表 4－6　2004～2008 年广东集成电路、电子件进出口量和金额

年份	出口量（万个）		出口额（万美元）		进口量（万个）		进口额（万美元）	
	绝对数值	增长率	绝对数值	增长率	绝对数值	增长率	绝对数值	增长率
2004	351983	11.59	115122	43.37	3973247	27.35	2651392	32.04
2005	452398	28.53	158640	37.80	4043094	1.76	3296299	24.32
2006	629357	39.12	252856	59.39	4640872	14.79	4138717	25.56
2007	722600	14.82	259199	2.51	5625600	21.22	4920595	18.89
2008	794000	9.88	253651	−2.14	5735800	1.96	5138652	4.43

资料来源：《广东统计年鉴》（2005，2007，2009）。

尽管纵向比较来看广东集成电路和电子件进出口量和进出口额都处于逆差状态，但与国内主要地区进行横向比较可发现，广东 2008 年无论在集成电路出口量和出口额方面都落后于江苏，增长速率也落后于江苏甚至全国平均水平。此外，从单位出口产品的金额来看，江苏也远远高于广东，江苏为 0.601 美元/个，而广东为 0.319 美元/个。进口量和进口额方面 2008 年广东领先于江苏，单位产品的进口金额也略高于江苏，但低于全国平均水平（见表 4－7）。

表 4 - 7   2008 年我国主要地区集成电路进出口量和金额

地区	出口量（百万个）		出口额（万美元）		进口量（百万个）		进口额（万美元）	
	绝对数值	增长率	绝对数值	增长率	绝对数值	增长率	绝对数值	增长率
全国	484.8 *	19.1	243.2 **	3.3	1353.8 *	9.8	1292.6 **	1.2
广东	7940	9.88	253651	- 2.14	57358	1.96	5138652	4.43
江苏	13673	40.61	821828	13.73	32726	17.04	2806326	- 8.35
浙江							234710	- 14.83

资料来源：中国海关网站；《广东统计年鉴》（2009）；《江苏统计年鉴》（2009）；
《浙江统计年鉴》（2009）。
注：标有 * 的数据单位为"亿个"，标有 ** 的数据单位为"亿美元"，广东和江苏两
省的统计口径均为"集成电路和（微）电子件"。

1989 年以来，深圳集成电路产量基本都呈现增长的态势，仅在
1992 年和 1997 年受宏观经济形势的影响，集成电路产量有所下降。
1989 ~ 2008 年集成电路年均产量为 161207.4 万块，1990 年以来的集
成电路产量增长率平均达 69.51%。具体如表 4 - 8 和图 4 - 4 所示。

表 4 - 8   1989 ~ 2008 年深圳集成电路产量

指标	1989	1990	1991	1992	1993	1994	1995
产量（万块）	512.70	997.58	1356.74	1164.34	1519.53	2262.77	14558.13
增长率（%）		94.57	36.00	- 14.18	30.51	48.91	543.38

指标	1996	1997	1998	1999	2000	2001	2002
产量（万块）	22471.16	14346.26	23975.80	64231.50	87598.00	96121.96	134966.44
增长率（%）	54.35	- 36.16	67.12	167.90	36.38	9.73	40.41

指标	2003	2004	2005	2006	2007	2008	
产量（万块）	182339.56	255504.10	268005.82	604302.39	619532.13	828381.24	
增长率（%）	35.10	40.13	4.89	125.48	2.52	33.71	

资料来源：《深圳统计年鉴》（2009 年）。

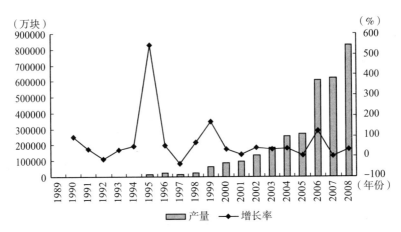

图 4 - 4   1989～2008 年深圳集成电路产量及其增长率走势图

从深圳集成电路产量占广东省的比重来看，以 2000 年以来的数据分析，除 2005 年，深圳集成电路产量占广东省的比重都超过 50%，2008 年占广东省比重为 72.47%。具体如表 4 - 9 所示。

表 4 - 9   2000～2008 年深圳集成电路产量及其占全省比重

指标	2000 年	2001 年	2002 年	2003 年	2004 年
深圳（万块）	87598.00	96121.96	134966.44	182339.56	255504.10
广东（万块）	117618	174668	225812	312283	431922
占广东比重（%）	74.48	55.03	59.77	58.39	59.16
指标	2005 年	2006 年	2007 年	2008 年	2009 年
深圳（万块）	268005.82	604302.39	619532.13	828381.24	
广东（万块）	563707	723533	908570	1143109	964513
占广东比重（%）	47.54	83.52	68.19	72.47	

资料来源：①广东集成电路产量数据来源于《广东工业统计年鉴》（2008 年），其中 2003～2004、2006 年数据与《广东统计年鉴》同类数据有少许出入，但由于其统计单位（万块）与深圳统计单位相同，因此，为提高比重计算的精确性，此处以《广东工业统计年鉴》数据为准，来计算深圳集成电路产量占全省比重；②深圳集成电路产量数据来源于《深圳统计年鉴》（2009 年）；③广东省 2008 年和 2009 年集成电路产量数据来源于广东统计信息网。

以上数据表明，深圳已成为广东 IC 产业的中心地带，特别是近年来，广东省教育部科技部产学研创新联盟之集成电路技术产学研创新联盟和无源元器件及集成产学研创新联盟的创立为深圳 IC 产业的发展注入了新的动力，深圳在 IC 设计业与封装测试业高速发展的带动下，集成电路产业整体规模迅速扩大，产业已逐渐成熟。目前深圳已经拥有香港晶门科技、珠海炬力、海思半导体、中兴微电子、国微、安凯、福州瑞芯等一批优秀的 IC 设计公司，拥有珠海南科、深爱半导体、方正微电子等芯片制造企业以及赛意法等封装测试企业。尤其是，IC 产业中智力密集度最高的 IC 设计环节是我国 IC 产业的弱项所在，但近年来深圳在 IC 设计业方面取得很大的进展。2008 年，深圳 IC 设计产业产值已经超过 61 亿元，首次跃居全国大中城市第一位，正式确立了在国内的龙头地位。深圳 IC 设计企业及机构数达 116 家，从业人员近 8400 人。其中销售额过 5000 万元的企业 17 家，过亿元的企业 8 家；设计规模最高达 7000 万门，大多数企业可设计 100 万～500 万门；自主创新能力进一步提升，IC 设计企业共申请专利 1205 件，已授权 295 件；设计水平接近欧美领先水平，其中，国科、力合可设计 90nm 的产品，海思半导体、中兴集成、国微等企业的设计能力达到 65nm 的工艺水平，大多数企业采用 0.12～0.18um 工艺，领先于全国平均水平；IC 设计产品覆盖产业链高中低端，包括通信、智能手机、数字电视、移动存储及多媒体、模拟和混合电路、RFID、处理器、信息安全等芯片。近年来，深圳地区的 IC 企业积极寻求国际国内合作机会，在合作网络拓展方面受到国际知名厂商的青睐。例如，新加坡联合科技（UTAC）与我国 9 家集成电路设计公司签署谅解备忘录，其中有四家公司都在深圳，包括辉芒微电子有限公司、深圳源核微电子技术有限公司、磊明有限公司、天利半导体（深圳）有限公司。其中，天利半导体（深圳）有限公司作为一家本土的 IC 设计企业，其成立之初就非常强调产业链的联盟和共同发展模式，十分重视与中兴、创维、京东方、新加坡特许半导体、和舰、UTAC、韩国 Nepes等多家终端制造商、模块设计制造企业、封装测试、流片企业进行合作，并与这些公司形成了紧密的投资与业务关系。

本研究认为深圳 IC 产业的快速发展主要得益于如下几个条件：首先是云集在深圳和珠三角地区的整机厂家成为 IC 产业的主要市场，为 IC 产业发展提供了市场保障；其次，深圳具有良好的软环境和物流基础，有实力打造 IC 集散市场，并具备成为中国重要 IC 产业中心的条件；再次，深圳毗邻港澳，IC 产业发展可以借助港澳优越的技术创新环境；最后，整机厂商和 IC 设计企业形成的良性互动局面为深圳 IC 产业发展提供了较好的技术创新环境和产业发展氛围。

综上所述，本研究认为选取深圳 IC 产业的企业作为研究对象具有代表性和现实意义。但在本研究中，我们只重点关注 IC 产业企业间的合作关系对其创新绩效的影响，而并不考虑企业之间的竞争关系对其创新绩效的潜在刺激作用，因为，随着创新复杂性和不确定性的增加，并且在产品更新换代日渐加快的压力下，任何一个企业都难以将创新活动的全部价值链纳入到企业内部完成，为达到创新的目的，企业相互之间不得不在创新过程的各个阶段进行合作。此外，本书重点考虑企业在创新合作网络中占据的网络位置对其创新的影响，而不是企业在空间上的集聚对企业创新的影响（例如，硅谷集中创新的模式）。因为，随着信息技术的发展，空间距离对创新的影响日趋减小，相反，企业在创新合作网络中占据的网络位置对其创新的影响正在扩大。

4.3.2　抽样方法

在众多社会网络抽样研究的学者中，弗兰克（Frank）被认为是影响力最大的一位学者（Wasserman and Faust, 1994），他的经典著作（Frank, 1971）和综述性的文献（Frank, 1988）对于社会网络抽样中整体网络资料无法获得的情形给出了基本解决方案。埃里克森和诺桑楚克（Erickson and Nosanchuk, 1983）基于超过700 个行动者的网络对网络抽样中可能出现的问题进行了总结。值得一提的是，古德曼（Goodman, 1961）提出了一种非常巧妙的网络抽样技术——滚雪球抽样①。在对"连锁方法"（chain methods）② 如何运用于实践的研究中，埃里克森（1978）和弗兰克（1979）也对滚雪球抽样方法的研究进展进行了回顾。此外，近年来我国学者基于不同的网络类型（自我中心社会网和整体社会

---

　　① 滚雪球抽样是让一群被抽取的调查者报告与他们拥有特定关系的其他行动者，即被提名者。这些被提名的行动者构成了一阶（first-order）网络。研究者然后对这个一阶网络中的每一位行动者进行相同的调查，以此收集到另一批行动者（除一阶网络中的行动者和最初被调查的行动者），这些行动者即构成二阶（second-order）网络。这种过程依研究者的兴趣可继续延续到多阶网络。

　　② "连锁方法"是在一个网络中对关系从源头到末端的追踪的一种方法。格兰诺威特（1974）对这种方法也有论即。"连锁方法"包括滚雪球抽样和"小世界"的相关技术。其中，"小世界"现象由沃兹（Watts, 2003）提出，他发现节点度服从幂律分布，而且非常普遍，大量存在于自然、社会和艺术等诸多领域（Barabasi, 2002; Watts, 2003; Buchanan, 2002），这种网络通常被称为"小世界网络"（small world networks）或"无标度网络"（scale-free networks），其中，占网络节点总数 20% 的"集散节点"（hub nodes）通常拥有整个网络 80% 的联系。

网）对网络抽样技术进行了发展和总结（罗家德，2005；刘军，2009），这些抽样技术的发展无疑为我们开展研究提供了理论的借鉴和方法的指导。

纵观近年来国内外利用社会网络分析方法对企业网络的相关研究，我们发现多数研究都采用便利抽样（convenient sampling）或随机抽样（random sampling）的方法获得样本数据。例如，池仁勇（2005）随机选择了七个行业的 53 家知名龙头企业作为典型样本研究了区域中小企业创新网络的结构属性对创新网络功能提升的影响。池仁勇（2007）进而又采用便利抽样方法，基于 2001～2003 年的浙江省 14 个行业的 264 份问卷研究了中小企业与六类主体（供应商、客户、其他企业、中介、科研机构、政府）网络结点联结强度对中小企业销售增长、利润增长、新产品开发的影响。贝尔（2005）采用便利抽样方法，以加拿大 77 家基金公司为研究样本，分析了这些企业的管理网络中心性、制度网络中心性与企业创新的关系。阿胡加（Ahuja，2000）利用档案研究的方法，收集了西欧、日本、美国制药业 97 家主导企业合作关系的资料，从而研究了企业的结构洞丰富程度对于创新的影响。基于此，本研究选取深圳 IC 产业内的典型企业发放问卷，而不对行业内所有企业进行调查。

4.4　本　章　小　结

本章的主要内容是研究设计，主要介绍本书的研究方法、对相关变量进行测度、并且对本书研究对象的选择依据及研究对象的背景进行介绍从而确定样本来源。具体而言：

第一部分对本书合作网络资料收集方法——提名生成法进行了介绍，基于此方法设计出本书的问卷题项。此外，本部分还对本研究的数据分析方法——UCINET 软件进行简介，鉴于其强大的功能，本研究将应用该软件的 6.214 版本来计算企业网络位置的中心性和结构洞指标。本部分还交代了本研究将应用 SPSS 和 LISREL 软件执行的任务——探索性因子分析、验证性因子分析、信度及效度检验、多元回归分析等。

第二部分基于第 3 章理论分析中涉及的变量，对这些变量进行测量，涉及的因变量是企业创新绩效，鉴于客观创新绩效测量存在的种种缺陷和我国的实际情况，本研究采用了主观创新绩效的测量方法，借鉴国内外相关学者的研究，设计出包含五个五分值题项的企业创新绩效测量量表。自变量主要有中心性、结构洞、吸收能力（也是调节变量），其中，对中心性的测量选用程度中心性、中介中心性、特征向量中心性三个指标，并利用主成分分析法在三个指数中抽取出一个公共因子来衡量企业的中心性；对结构洞的测量采用结构洞的众多指数中最受关注并应用最广泛的"约束"指数；对吸收能力的测量借鉴詹森等（2005）的量表。控制变量主要有企业规模和企业年龄，因为这两个变量都对创新绩效有一定影响，但又不是本研究的关注点，因此把它们作为控制变量处理。

第三部分基于国外关于网络位置及创新的相关研究和笔者对于研究问题的认识，本章认为选择高新技术产业作为研究对象比较合适，因为该类产业具有明显的创新与企业间合作的特征，尤其是 IC 产业，其产品生命周期短、技术密集度高、研发投入高、资本密集度高、风险大、企业间合作或互动要求高的特征特别适合作为本章的研究对象。但确定了研究的产业后还需要圈定特定的地域范围，否则研究对象分布过于分散会使得本研究网络合作关系难于刻画，因此，鉴于我国、广东省及深圳市 IC 产业现状的描述，我们发现以深圳 IC 产业为研究对象具有代表性和现实意义。此外，我们还介绍了本研究采用便利抽样方法的依据。

第 5 章

研究数据的收集与预处理

本章主要关注研究数据的收集与预处理，具体内容包括五个部分：第一部分主要描述样本容量的确定和样本收集的情况；第二部分对样本进行描述性统计；第三部分对有效样本的企业合作创新网络进行特征描述；第四部分对数据进行探索性因子分析和信度、效度检验；第五部分为本章小结。

5.1 样本容量与问卷收集

进行假设检验需应用回归分析方法，对于应用回归分析时需要多大的样本规模才能取得较好的统计推断效果，是一个在收集样本时就需要慎重考虑的问题。显然，样本量如果太小，则误差太大，导致模型结果估计的稳定性非常差，无助于我们揭示和掌握经济管理现象之间的关系；而如果盲目追求大样本量，则势必会增加不必要的数据收集成本。

对于样本容量问题，有不少学者进行了讨论，主要涉及两个方面的考虑。一方面，样本的大小与统计推断和假设检验有关，从统计角度而言，30 个以上的样本就能符合正态分布的统计假设，所以，一般来说，回归分析的样本量要求 30 个以上。另一方面的考虑是变量的个数与样本量的比例，即在决定样本量大小时，也要考虑回归分析的变量个数，一般来说，变量的个数和样本量的比例是 1∶10（张雷等，2005）。

在本研究中，回归分析所涉及的变量有：控制变量两个（企业年龄和企业规模），解释变量有网络位置的两个变量（中心性和结构洞）和吸收能力的四个维度变量（知识获取、知识消化、知识转换和知识应用），同时，吸收能力的四个维度变量也是调节变量。因此，本研究的线性回归分析有八个变量，按变量个数和样本量的比例1∶10计算，80 个样本以上就可满足线性回归分析的样本量要求。

根据样本容量的要求和研究设计，我们共发放调查问卷 143 份，问卷发放对象为深圳市 IC 产业中的典型企业，问卷发放和回收在 2009 年 6 月下旬到 2009 年 9 月进行，问卷发放过程得到了广东省相关政府部门及广大企业朋友的大力支持，回收 139 份，其中有效问卷 121 份，有效问卷回收率为 84.62%。

5.2　样本描述性统计

通过对本研究回收的 121 个有效样本进行描述性统计分析，可以从总体上把握样本企业的分布情况。被调查企业的基本特征如表 5 - 1 所示。

表 5 - 1 样本描述性统计（N = 121）

企业背景		样本量（个）	所占比重（%）
员工人数	100 人以下	41	33.88
	100～499 人	60	49.59
	500～1000 人	11	9.09
	1000 人以上	9	7.44
成立时间	1994 年及以前	16	13.22
	1995～1999 年	16	13.22
	2000～2004 年	64	52.89
	2005 年及以后	25	20.66
企业性质	国有企业	14	11.57
	民营/私营企业	52	42.98
	三资企业	47	38.84
	其他或不详	8	6.61

从企业员工数量分布来看，样本中员工人数 100～499 人的企业最多，有 60 家，占样本比重为 49.59%；其次是员工人数在 100 人以下的企业，有 41 家，占样本比重为 33.88%；再次是员工人数 500～1000 人的企业，有 11 家，占样本比重为 9.09%；员工人数 1000 人以上的企业最少，只有 9 家，占样本比重为 7.44%。

从企业成立时间分布来看，样本中 2000～2004 年成立的企业最多，达 64 家，占样本比重为 52.89%；其次是 2005 年及以后成立的企业，有 25 家，占样本比重为 20.66%；1994 年及以前和 1995～1999 年期间成立的企业各 16 家，分别占样本比重的 13.22%。

从企业性质分布来看，样本中民营和私营企业最多，有 52 家，占样本比重为 42.98%；其次是三资企业，有 47 家，占样本比重为 38.84％；再次是国有企业，有 14 家，占样本比重为 11.57％；其他类型的企业性质或企业性质填写不详的有 8 家，占样本比重 6.61％。

5.3　企业合作创新网络的特征描述

在回收的 121 份有效样本中，我们根据提名生成法①，共得到 335 个企业名称②，并根据 335 家企业之间是否存在合作关系进行 0 ~ 1 编码，0 代表企业间无合作关系，1 代表企业间存在合作关系。经编码我们得到一个 335 × 335 的 0 ~ 1 矩阵，对称化处理③后应用 UCINET 6.214 软件即可计算各企业的相关网络指标。由于我们关注的是有效问卷的 121 家企业，因此本研究仅用它们的数据进行实证分析。

335 家企业的网络位置参数的描述性统计如表 5 - 2 所示，为直观起见，我们应用 Netdraw 2.084 软件绘制出深圳市 IC 企业合作网络图（见图 5 - 1），图中各点的标记释义如表 5 - 3 所示。为区别网络中个体和整个网络的中心性，学者们将整个网络的中心性命名为

---

①　通过提名生成法不但可以得到一群企业的名字，还可以了解关系人中间会有什么关系（社会网络图），由此得到一个网络结构。这种网络结构不同于整体社会网结构，它不是封闭的。

②　除了有效问卷的 121 家企业名称外，还有 224 家企业被提名，因此，共有 335 个企业名称。

③　对数据矩阵进行对称化处理可通过点击 UCINET 软件中的 Transform→Symmetrize 并将其中的 "Symmetrizing Method" 一项选为 "Maxium" 来实现，即当 $x_{ij} = 1$ 或 $x_{ji} = 1$ 中至少一项成立时，才令 $x_{ij} = x_{ji} = 1$，否则都为 0。因为本研究认为，从人际交往的惯例来看，合作双方的关系总是相互的，若 A 认同 B 是其密友，一般 B 也会认同 A 为其密友。这一看法推广到企业也同样适用。

"中心势" （centralization）。由表 5 - 2 可知，整个网络的程度中心势[①]为 8.31%，该数值比较小，表明整个网络的权力比较分散。整个网络的中介中心势[②]为 14.91%，该数值也比较小，表明网络中的行动者不会过分依赖某一个行动者的中间传话，信息被少数人垄断的可能性较低。整个网络的特征向量中心势[③]为 0.06%，该值远远小于群体程度中心势和群体中介中心势，表明网络中个体的程度中心性由与许多分散的其他个体的联结而得，并不是由与个别程度中心性高的个体相连而得。

表 5 - 2　　　　企业网络位置参数的描述性统计 （N = 335）

指标	程度中心性	中介中心性	特征向量中心性
均值	3.427	0.881	4.322
标准差	4.507	2.074	6.405
总和	1148.000	295.017	1448.009
方差	20.310	4.301	41.018

---

① 群体程度中心势的计算公式为 $C_D = \dfrac{\sum_{i=1}^{g} [C_D(n^*) - C_D(n_i)]}{\max \sum_{i=1}^{g} [C_D(n^*) - C_D(n_i)]}$，其中，$C_D$ (n^*) 是 $C(n)$ 中最大的程度中心性。这是一个网络的整体结构指标，衡量程度中心性最高的行动者的程度中心性与其他行动者程度中心性间的差距。差距越大，则群体程度中心势的数值也越高，表示这个团体权力过分集中，有一个行动者特别重要。群体程度中心势最高的图形是星状图形。

② 群体中介中心势的计算公式为 $C_B = \dfrac{2\sum_{i=1}^{g} [C_B(n^*) - C_B(n_i)]}{[(g-1)^2(g-2)]}$，其中，$C_B(n^*)$ 是 $C_B(n)$ 中最大的中介中心性。这是一个网络的整体结构指标，衡量中介中心性最高的行动者的程度中心性与其他行动者程度中心性间的差距。差距越大，则群体中介中心势的数值也越高，表示这个团体分成数个小团体而太依靠某一个人的中间传话。这个指标还可以用来测量组织中关键的桥，值越高表明组织中信息被少数人垄断的可能性越高。群体中介中心势最高的图形也是星状图形。

③ 整个网络的特征向量中心势的计算公式比单个节点的特征向量中心性计算复杂得多，因此本研究对网络的特征向量中心势的计算公式略，整个网络的特征向量中心势指数可直接从 UCINET 软件中得到。

续表

指标	程度中心性	中介中心性	特征向量中心性
最小值	1.000	0.000	0.000
最大值	31.000	15.746	44.091
网络中心势	8.31%	14.91%	0.06%

注：①以上描述性统计数据均根据 UCINET6.214 版本统计所得；②特征向量中心性由"network→centrality→multiple measures"路径计算所得，该路径计算结果与"network→centrality→eigenvector centrality"路径计算结果略有不同，但差别不大。

表 5 - 3   各研究层次绘图标记及释义

绘图标记	释义
▲	调查企业
▼	被调查企业在深圳的合作伙伴
■	被调查企业在国内的合作伙伴
●	被调查企业在国际上的合作伙伴

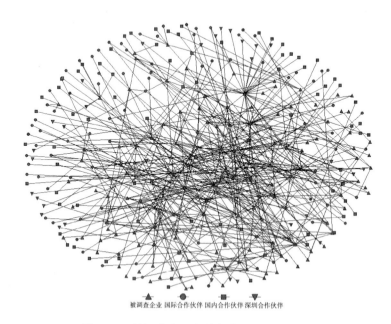

被调查企业 国际合作伙伴 国内合作伙伴 深圳合作伙伴

图 5 - 1 被调查企业与被提名企业合作网络

　　我国学者在研究区域或集群层面的创新时普遍没有把区域外部联系纳入到研究范畴中来，只是将区域视为一种封闭系统（周泯非和魏江，2009）。但在经济全球化和信息技术迅猛发展的背景下，区内各行为主体的创新行为和发展模式都会发生变化。区域已不可能有任何的封闭特征，而将创新网络的连接范围"锁定"在区域内部，即使是出于行为主体的技术知识产权和企业发展的安全考虑，区外的网络连接不断加强的趋势也不可阻挡。在某种程度上，区域内的企业越来越倾向于在区外寻找更多的合作伙伴，扩大外部的创新网络，以此获得全球层面的知识、信息，例如，我国台湾地区的 IC 产业就从跨国界的联系中受益匪浅。对本研究被调查企业的外部联系进行分类统计可发现，121 家企业的所有联系中，深圳市内的合作伙伴占其全部合作伙伴的比重为 54.72%，深圳市外的合作伙伴比重也高达 45.28%，深圳市外又属国际合作伙伴比重最高，达 26.55%。具体如表 5 - 4 所示。可见，在深圳 IC 产业中，企业的创新合作伙伴很多都是本地区域外的，IC 产业创新的外向型特征十分明显。

表 5 - 4　　　　　被调查企业三个层次的合作伙伴数及其比重

指标	深圳合作伙伴	国内合作伙伴	国际合作伙伴
总数（家）	406	139	197
占比（%）	54.72	18.73	26.55

　　注：被调查企业拥有相同的合作伙伴时，进行重复累加，因此被调查企业数加上被提名的合作伙伴数大于 335 家。

事实上，鉴于自我中心社会网和整体社会网①存在的缺陷，我们对被调查企业的直接网络联系进行了空间上的扩展，允许被调查企业在全球范围的 IC 产业内提名合作伙伴，克服了整体社会网过于封闭的缺陷；同时，利用被调查企业与被提名企业的合作关系，绘制出合作网络图，并基于这张网络图求出被调查企业的相关网络位置参数，克服了自我中心社会网仅考虑直接联系而忽视网络全局结构的缺陷。

5.4　效度和信度检验

在应用测量量表进行实证性社会研究时，常常需要对研究的信度和效度进行检验，只有达到信度和效度要求的实证研究，其结果才具有可靠性和代表性。本节将对以调查问卷方式获取的原始数据进行信度与效度检验，以验证这些数据是否符合进一步进行实证分析的标准。

对于本研究的网络位置变量，我们采用了"提名生成法（Name-

---

① 一般把社会网分成自我中心社会网（ego network）和整体社会网（whole network）两种。自我中心社会网是由一个个体及与之直接相连的个体构成的网络，这种网络只能分析社会连带，却不能分析网络结构、网络位置，也没有考察与个体距离在两步及两步以上的其他联系，因而对个体研究时缺乏整体的视野；此外，自我中心社会网中通常还要询问被调查者与其直接相连的其他个体两两之间的关系，被调查者给出的回答通常都是基于回忆或感知，而这种回忆或感知通常都是不够精确的，尤其对其他个体的关系强度（例如，询问被调查者，B 是不是 A 最密切的合作人之一）进行评判时就更加失真。整体社会网是由一个群体内所有成员之间的关系构成的网络，这类网络比较适合进行网络结构和网络位置分析，但对整体网研究在方法论上不总是可行的，在分析上也不总是令人满意的（刘军，2009）。因为，对整体网络进行研究必须首先规定整体的边界，列举出整体中的全部成员名单，并调查他们之间的种种关系；此外，一整个群体中所有的人都必须愿意填问卷，否则就绘不出整体社会网。

generator)"。提名生成法应用相当广泛，目前已经形成一套成熟的流程和处理方法，被证明具有较高的信度和效度（Campbell et al.，1986）。在本研究中，结构洞和程度中心性、中介中心性、特征向量中心性是我们直接应用 UCINET 6.214 软件计算出来的指标，而不是应用量表测量出来的变量，因此可不进行信度和效度检验。下面重点对应用量表进行测量的创新绩效和吸收能力各维度变量进行信度和效度检验，同时为谨慎起见，我们也对通过程度中心性、中介中心性、特征向量中心性而提取的中心性因子变量进行信度和效度检验。

5.4.1 探索性因子分析与效度检验

吴明隆（2003）认为，为检验量表的建构效度（Construct Validity），应进行探索性因子分析。所谓建构效度是指量表能测量理论的概念或特质的程度。探索性因子分析的目的在于找出量表的潜在结构，减少题项的数目，使之变为一组较少但彼此相关性较高的变量。他提出，"如果在探索性因子分析中能有效地抽取共同因素，并且这些因子与理论结构接近，则可以认为此测量工具具有建构效度"。因此，本研究对数据进行探索性因子分析并检验量表是否具有良好的建构效度。

在进行探索性因子分析之前，需先考察 KMO（Kaiser – Meyer – Olkin measurer of sampling adequacy）值和 Bartlett 球形检验值，以判断数据是否适合进行探索性因子分析。Bartlett 球形检验值以是否显著为判断标准，KMO 值的判断标准根据凯瑟（Kaiser，1974）的观点，总结如表 5 – 5 所示。

表 5 – 5　　　　探索性因子分析适合性的 **KMO** 统计值判断标准

KMO 统计值	进行探索性因子分析的适合性
0.90 以上	非常适合进行探索性因子分析
0.8 ~ 0.90	很适合进行探索性因子分析
0.7 ~ 0.8	适合进行探索性因子分析
0.6 ~ 0.7	勉强适合进行探索性因子分析
0.5 ~ 0.6	不适合进行探索性因子分析
0.5 以下	非常不适合进行探索性因子分析

资料来源：Kaiser（1974）。

1. 创新绩效的效度检验

本研究采用 5 个题项对企业的创新绩效进行测量。经检验，KMO 值 为 0.859，Bartlett 球 形 检 验 值 为 471.159，显 著 水 平 为 0.000，表明很适合进行因子提取。为得到本研究的创新绩效因子，我们用主成分法进行了探索性因子分析，表 5 – 6 为创新绩效的探索性因子分析结果。结果表明，各测量题项的因子载荷都超过 0.5，公共因子解释了 5 个题项总变异量的 77.048%，说明本创新绩效量表具有良好的建构效度。

表 5 – 6　　　　　　　　创新绩效的探索性因子分析

测量题项	因子负荷
与同行相比，我们常常在行业内率先推出新产品/新服务	0.843
与同行相比，我们常常在行业内率先应用新技术	0.883
与同行相比，我们的产品改进与创新有非常好的市场反应	0.895
与同行相比，我们的产品包含一流的先进技术与工艺	0.860
与同行相比，我们新产品开发成功率非常高	0.905
特征值	3.852
解释变异量（%）	77.048

注：采用主成分分析法并按特征值大于 1 进行因子提取；KMO 值 0.859，Bartlett 球形检验值为 471.159，显著性为 0.000。

2. 吸收能力的效度检验

吸收能力采用了詹森等（2005）开发的量表，为得到吸收能力的维度结构，我们按照特征值大于 1 的原则，用主成分分析法对吸收能力进行探索性因子分析。经检验，KMO 值为 0.925，Bartlett 球形检验值为 2574.708，显著水平为 0.000，表明非常适合做因子分析。我们通过应用最大方差法（Varimax）进行因子抽取，所得结果与詹森等（2005）的分析一致，获得了具有清晰结构的吸收能力四个因子：知识获取、知识消化、知识转化和知识应用。表 5－7 列示了量表各题项在对应因子上的负荷。由表 5－7 的分析结果可知，各测量题项的因子载荷清晰，并且在对应的因子上都超过 0.5，并且抽取的 4 个因子解释了全部题项的 76.539%，这些因子结构与本研究的理论框架相一致，因此，有理由认为本研究采用的量表具有良好的建构效度。

表 5－7　　　　　　　　吸收能力的探索性因子分析

测量题项	吸收能力			
	知识转换	知识获取	知识应用	知识消化
定期讨论市场发展趋势和新产品开发事宜	**0.822**	0.189	0.287	0.105
密切跟踪新产品/新服务的市场需求变化	**0.787**	0.240	0.314	0.204
能快速识别外部新知识对公司是否有用	**0.756**	0.200	0.227	0.179
很难从外部新知识中获得对公司发展有利的机会（反向题）	**0.741**	0.194	0.234	0.265
员工会主动学习并积累未来可能用到的新知识	**0.736**	0.303	0.308	0.278
员工很少分享实践经验（反向题）	**0.721**	0.203	0.286	0.283
员工经常参观其他企业	0.178	**0.896**	0.189	0.188

续表

测量题项	吸收能力			
	知识转换	知识获取	知识应用	知识消化
为获取新知识经常与其他企业进行交流	0.164	**0.875**	0.231	0.214
员工通过非正式渠道获取业内信息	0.256	**0.779**	0.174	0.297
其他企业与我公司的交流很少（反向题）	0.254	**0.710**	0.177	0.391
经常与第三方机构交流，如会计师事务所、咨询公司等	0.277	**0.688**	0.238	0.328
定期与顾客或第三方机构组织活动来获取新知识	0.351	**0.623**	0.150	0.422
我公司经常推敲如何更有效地应用知识	0.226	0.095	**0.854**	0.123
我公司推行新产品/新服务存在一定的困难（反向题）	0.280	0.157	**0.806**	0.040
我公司各部门有清晰的责任分工	0.204	0.174	**0.802**	0.280
员工对公司产品和服务有共同话题	0.269	0.165	**0.784**	0.045
我公司对顾客的抱怨视而不见（反向题）	0.224	0.250	**0.762**	0.305
员工都清楚公司各项活动应如何执行	0.399	0.349	**0.619**	0.142
能够快速分析和理解变化的市场需求	0.155	0.291	0.119	**0.784**
员工比较擅长把外部新技术吸纳到公司内部	0.219	0.328	0.182	**0.736**
能快速理解外部技术/服务机遇	0.312	0.287	0.201	**0.731**
对于市场变化反应比较迟钝（反向题）	0.302	0.338	0.165	**0.723**
特征值	11.853	2.421	1.510	1.055
累积解释变异量（%）	53.879	64.882	71.746	76.539

注：采用主成分分析法并按特征值大于 1 进行因子提取，因素转轴采用最大方差法；KMO 值 0.925，Bartlett 球形检验值为 2574.708，显著性为 0.000。

吸收能力是个多维度结构的概念，因此，我们还需要对各个维度进行收敛效度（Convergent Validity）和判别效度（Discriminate Validity）的检验。弗内尔和拉克尔（Fornell and Larcker, 1981）认为，当所有变量的平均抽取方差（Average Variance Extracted，AVE）大于0.5时，表示方差抽取量大于测量误差，便可认为该量表具有收敛效度。本研究平均抽取方差如表5-8所示，各变量的平均抽取方差介于0.67与0.71之间，均高于0.5，因此说明本研究测量具有收敛效度。

表5-8　　　吸收能力各维度均值、标准差、AVE值和相关系数

测量变量	均值	标准差	AVE	1	2	3	4
知识获取	4.893	1.381	0.69	1.00			
知识消化	5.167	1.318	0.67	0.66	1.00		
知识转换	4.745	1.297	0.71	0.65	0.68	1.00	
知识应用	4.507	1.378	0.68	0.51	0.56	0.70	1.00

判别效度的检验可通过考察是否所有变量的AVE值均大于变量间相关系数的平方值（Fornell and Larcker，1981；Shook et al.，2004）。在本研究中，各变量的AVE值介于0.67与0.71之间，最小值为0.67；而变量间相关系数介于0.51与0.70之间，最大值为0.70，因此变量间相关系数的最大平方值为0.49（0.70×0.70），小于最小的AVE值0.67；因此，所有因素的AVE值均大于变量间相关系数的平方值，从而有理由认为本研究测量模型具有判别效度。

3. 中心性的效度检验

为确定企业在合作创新网络中的中心性，我们应用UCI-NET6.214软件计算出企业在网络中的程度中心性、中介中心性、特征向量中心性三个指标，并采用主成分分析法在三个指数中抽取出一个公共因子来衡量企业的中心性。经检验，KMO值为0.758，

Bartlett 球形检验值为 412.086，显著水平为 0.000，表明适合进行因子提取。表 5 - 9 为中心性的探索性因子分析结果。结果表明，各指标的因子载荷都超过 0.5，抽取的公共因子解释总变异量达90.287%，表明用一个公共因子来测量企业中心性是合适的，具有良好的建构效度。

表 5 - 9   中心性的探索性因子分析

测量指标	因子载荷
程度中心性	0.981
中介中心性	0.951
特征向量中心性	0.918
特征值	2.709
解释变异量（%）	90.287

注：采用主成分分析法并按特征值大于 1 进行因子提取；KMO 值为 0.758，Bartlett 球形检验值为 412.086，显著性为 0.000。

5.4.2 信度检验

信度检验的目的在于评价对变量的测量是否具有一致性和稳定性，只有信度被接受时，量表的数据分析才是可靠的。信度越高，表示测量越稳定可靠。本研究采用 Cronbach's Alpha 值和单一题项对变量中所有题项的相关系数（Corrected Item - Total Correlation, CITC）来进行信度检验。一般认为，CITC 值应大于 0.5，Conbach's Alpha 值在 0.70 以上就可以接受了（DeVellis, 1991），也有些学者要求比较高，认为信度系数最好在 0.80 以上（Henson, 2001）。

本研究各变量的信度检验结果见表 5 - 10。由检验结果可知，创新绩效的 α 信度为 0.924，中心性的 α 信度为 0.859，知识获取

的 α 信度为 0.941，知识消化的 α 信度为 0.888，知识转换的 α 信度为 0.932，知识应用的 α 信度为 0.924，均大于 0.7 或 0.8 的信度标准；并且，创新绩效各测量指标中 CITC 值最小的为 0.760，中心性各测量指标中 CITC 值最小的为 0.838，知识获取各测量指标中 CITC 值最小的为 0.777，知识消化各测量指标中 CITC 值最小的为 0.704，知识转换各测量指标中 CITC 值最小的为 0.755，知识应用各测量指标中 CITC 值最小的为 0.722，各变量的所有 CITC 值均大于 0.35。因此，信度检验结果表明本研究各变量的内部一致性良好，测量是可靠的。

表 5 – 10　　　　　　　　各变量信度检验结果

变量	题项编号	删除该题项后分量表的均值	删除该题项后分量表的方差	CICT 值	删除该题项的 α 值	α 值
创新绩效	创新绩效 1	19.314	22.584	0.760	0.915	0.924
	创新绩效 2	18.802	20.594	0.812	0.905	
	创新绩效 3	17.628	20.669	0.831	0.901	
	创新绩效 4	17.050	23.481	0.781	0.913	
	创新绩效 5	17.653	20.412	0.844	0.898	
中心性	程度中心性	8.731	120.669	0.917	0.627	0.859
	中介中心性	13.005	202.603	0.869	0.893	
	特征中心性	7.990	78.432	0.838	0.837	
知识获取	吸收能力 11	24.355	37.614	0.864	0.926	0.941
	吸收能力 12	24.397	37.475	0.872	0.925	
	吸收能力 13	24.471	36.168	0.836	0.929	
	吸收能力 14	24.488	36.202	0.823	0.931	
	吸收能力 15	24.587	37.494	0.777	0.936	
	吸收能力 16	24.479	39.735	0.784	0.935	

续表

变量	题项编号	删除该题项后分量表的均值	删除该题项后分量表的方差	CICT 值	删除该题项的 α 值	α 值
知识消化	吸收能力 21	15.587	12.511	0.793	0.844	0.888
	吸收能力 22	15.488	12.019	0.784	0.845	
	吸收能力 23	15.479	12.135	0.704	0.876	
	吸收能力 24	15.455	12.017	0.745	0.859	
知识转换	吸收能力 31	23.620	32.488	0.853	0.914	0.932
	吸收能力 32	23.587	32.728	0.835	0.916	
	吸收能力 33	23.736	34.046	0.755	0.926	
	吸收能力 34	23.711	31.007	0.788	0.923	
	吸收能力 35	23.860	31.272	0.779	0.924	
	吸收能力 36	23.843	31.100	0.825	0.917	
知识应用	吸收能力 41	22.496	38.069	0.722	0.918	0.924
	吸收能力 42	22.264	36.996	0.810	0.908	
	吸收能力 43	22.421	34.796	0.813	0.906	
	吸收能力 44	22.694	34.397	0.818	0.905	
	吸收能力 45	22.711	33.791	0.793	0.909	
	吸收能力 46	22.620	33.838	0.762	0.914	

5.5 本章小结

本章在第 4 章研究设计的基础上，对研究数据的收集和预处理进行阐述。首先，本研究鉴于样本容量的绝对数量与变量数量之间关系的考虑，发放问卷 143 份，收集到有效问卷 121 份，满足研究设计和统计分析的样本量要求。其次，为从总体上把握样本企业的分布情况，我们对收集的样本进行了描述性统计。再次，为了更好地了解企业合作创新网络，我们对合作创新网络进行特征描述。最后，我们对数据进行探索性因子分析和信度、效度检验，为下一章进行线性回归分析和假设检验奠定基础。

第6章

假设检验与结果分析

本章主要是对研究假设进行检验，共分为四个部分：第一部分进行多重共线性检验，为后面的回归分析做准备；第二部分采用多元线性回归分析对研究模型中的相关假设进行检验；第三部分对假设检验结果进行汇总与分析；第四部分是本章小结。

6.1 关于多重共线性检验

在进行多元回归分析时要留意多重共线性（collinarity）问题，所谓多重共线性问题指的是由于解释变量间的相关性太高给回归分析带来的困扰。在多元回归分析中若存在严重的多重共线性问题，则在统计推论时可能产生如下三种现象：①参数的置信区间扩大，导致参数显著性检验时错误拒绝虚无假设的概率大为提高；②在高度线性重合时，若观察值稍做变动，可能会产生完全不同的统计推论结果；即使整体回归模式检验的 F 值达到显著，但对个别参数进行显著性检验时，发现大部分或全部参数的 t 值均不显著的矛盾现象；③可能使个别参数的符号出现与理论不符合的怪异现象，即自变量的标准化回归系数与原先理论不符合（吴明隆，2003）。

因此，在进行多元回归分析前，应对自变量进行相关分析从而初步判断是否存在多重共线性问题。吴明隆（2003）认为，如果有两个自变量间的相关系数在 0.75 以上，则认为可能存在多重共线性问题。表 6 – 1 为本研究自变量之间的皮尔逊相关系数（Pearson Correlation Coefficient）。由表 6 – 1 可知，各自变量间相关系数均不大，表明自变量间不存在很高的相关性。

表 6 – 1 自变量之间的相关性分析

变量	1	2	3	4	5	6	7	8
1. 企业年龄	1.000							
2. 企业规模	0.481 **	1.000						
3. 结构洞	0.291 **	0.140	1.000					
4. 中心性	0.187 *	0.212 *	0.657 **	1.000				
5. 知识获取	0.072	0.033	– 0.125	0.059	1.000			
6. 知识消化	– 0.111	0.056	– 0.177	0.199 *	0.000	1.000		
7. 知识转换	0.166	0.085	0.287 **	0.394 **	0.000	0.000	1.000	
8. 知识应用	0.111	0.074	0.565 **	0.459 **	0.000	0.000	0.000	1.000

注：* 表示 $p < 0.10$，** 表示 $p < 0.05$。

虽然对自变量间相关系数的分析可用来判断多元回归分析中是否存在多重共线性问题，但更严谨地判断则可另行通过三个指标来进行：容忍度（Tolerance）、方差膨胀因子（Variance Inflation Factor，VIF）和条件指针（Condition Index，CI）。

容忍度等于 $1 - R^2$，其中 R^2 是某一自变量与其他自变量间的多元相关系数的平方。容忍度的取值在 0 至 1 之间，它越接近 0 表示共线性问题越严重，越接近 1 表示共线性越弱。

方差膨胀因子是容忍度的倒数，取值大于 1，方差膨胀因子越大表明该自变量的容忍度越小，越可能存在共线性问题。通常认为，VFI 值大于 10 时才表示变量间存在较严重的多重共线性问题（吴明隆，2003）。

条件指针为最大特征值与个别特征值比值的平方根。条件指针越大，越有共线性问题。条件指针如果在 15 以上，则表示有多重共线性问题，条件指针如果在 30 以上，则表示有严重的共线性问题；如果条件指针值在 100 以上，表示此回归模式分析的共线性问题十分严重（吴明隆，2003）。

表 6 - 2 是回归分析的自变量共线性诊断结果。从分析结果可以看出，在所有变量中，方差膨胀因子值最小为 1.089，最大的是 2.845，远远小于临界值 10；而且，条件指针最小为 1.131，最大的是 5.963，远远小于要求比较高的临界值 15。因此，共线性诊断结果表明各变量间基本不存在共线性问题。

表 6 - 2　　　　　　　　　自变量共线性诊断结果

判断指标	企业年龄	企业规模	中心性	结构洞	知识获取	知识消化	知识转换	知识应用
容忍度	0.689	0.738	0.386	0.351	0.778	0.918	0.617	0.771
方差膨胀因子	1.452	1.355	2.589	2.845	1.286	1.089	1.621	1.297
条件指针	1.131	1.586	1.682	1.685	2.662	3.584	5.034	5.963

6.2 回归分析与假设检验

根据研究模型以及相应的假设，本研究应用社会网络分析软件UCINET6.214 计算出企业网络位置参数，应用 SPSS15.0 软件得出了各变量因子，并运用多元回归分析方法来验证企业网络位置、吸收能力与创新绩效之间的关系。表 6 - 3 给出了多元回归分析的结果，所有模型的被解释变量均为企业创新绩效。模型 M1 是控制变量企业年龄、企业规模对因变量创新绩效的回归模型；模型 M2 在控制变量的基础上增加了中心性和结构洞两个自变量对创新绩效的影响；模型 M3 为包含控制变量、自变量、调节变量的主效应模型。在计算交互项时，我们先将自变量和调节变量都进行中心化后再相乘，从而有效避免了交互项与自变量、调节变量之间的多重共线性问题，为了降低交互项之间的多重共线性问题对研究结果的影响，按照学界普遍做法，我们将交互项逐个放入主效应模型 M3 中（Ahuja，2000），从而通过模型 M4a ~ 7b 对各调节效应分别进行检验。

本研究假设 H1 和 H2 分别提出企业的中心性和占据的结构洞数目与创新绩效正相关，模型 M2 对这两个假设进行了检验。模型 M2 在模型 M1 控制变量企业年龄、企业规模的基础上加进中心性和结构洞两个解释变量，使得模型有显著的解释力（$R^2 = 0.739$，$F = 81.936$，$p < 0.01$），而且比模型 M1 显著增加了解释力（$\Delta R^2 = 0.682$，$\Delta F = 151.266$，$p < 0.01$）；并且，从回归分析结果可看出，中心性的回归

表 6—3

企业创新绩效的多因素回归分析结果

解释变量	M1 β 值	M1 t 值	M2 β 值	M2 t 值	M3 β 值	M3 t 值	M4a β 值	M4a t 值	M4b β 值	M4b t 值	M5a β 值	M5a t 值
企业年龄	0.247**	2.422	0.061	1.087	0.04	0.892	0.041	0.985	0.044	0.989	0.043	0.959
企业规模	-0.019	0.188	-0.097*	1.765	-0.086**	1.969	-0.103**	2.514	-0.088**	2.043	-0.066	1.494
中心性			0.492***	7.670	0.250***	4.160	0.307***	5.305	0.261***	4.391	0.182***	2.685
结构洞			0.451***	6.916	0.423***	6.708	0.375***	6.245	0.414***	6.657	0.441***	7.028
知识获取					0.080**	2.059	0.066*	1.790	0.078**	2.030	0.085**	2.212
知识消化					0.129***	3.038	0.110***	2.739	0.135***	3.220	0.139***	3.284
知识转换					0.303***	7.148	0.265***	6.499	0.268***	5.990	0.285***	6.653
知识应用					0.241***	5.069	0.219***	4.875	0.223***	4.672	0.224***	4.701
中心性×知识获取							0.156***	4.160				
结构洞×知识获取									0.090**	2.179		
中心性×知识消化											0.105**	2.076
结构洞×知识消化												
中心性×知识转换												
结构洞×知识转换												
中心性×知识应用												
结构洞×知识应用												

续表

解释变量	M1 β值	M1 t值	M2 β值	M2 t值	M3 β值	M3 t值	M4a β值	M4a t值	M4b β值	M4b t值	M5a β值	M5a t值
R²	0.057		0.739		0.843		0.864		0.850		0.849	
Adj. R²	0.041		0.73		0.832		0.853		0.837		0.837	
ΔR²	0.057**		0.682***		0.105***		0.021***		0.007**		0.006**	
F-value	3.554**		81.936***		75.267***		78.569***		69.672***		69.360***	
ΔF-value	3.554**		151.266***		18.671***		17.307***		4.749**		4.309**	

解释变量	M5b β值	M5b t值	M6a β值	M6a t值	M6b β值	M6b t值	M7a β值	M7a t值	M7b β值	M7b t值
企业年龄	0.031	0.709	0.042	0.938	0.038	0.831	0.035	0.775	0.039	0.868
企业规模	-0.075*	1.771	-0.078*	1.739	-0.082*	1.876	-0.079*	1.806	-0.092**	2.097
中心性	0.247***	4.219	0.195**	2.245	0.242**	3.943	0.186**	2.420	0.234***	3.795
结构洞	0.404***	6.522	0.443***	6.629	0.425***	6.718	0.475***	6.461	0.471***	6.220
知识获取	0.091**	2.382	0.075*	1.899	0.070*	1.692	0.080**	2.050	0.074*	1.882
知识消化	0.109***	2.587	0.124***	2.862	0.121***	2.745	0.125***	2.944	0.118***	2.700
知识转换	0.269***	6.202	0.312***	7.164	0.308***	7.161	0.294***	6.857	0.295***	6.845
知识应用	0.208***	4.319	0.239***	5.015	0.243***	5.089	0.223***	4.528	0.217***	4.146

续表

解释变量	M5b β值	M5b t值	M6a β值	M6a t值	M6b β值	M6b t值	M7a β值	M7a t值	M7b β值	M7b t值
中心性×知识获取										
结构洞×知识获取										
中心性×知识消化										
结构洞×知识消化	0.118***	2.649								
中心性×知识转换			0.057	0.897						
结构洞×知识转换					0.031	0.714				
中心性×知识应用							0.076	1.349		
结构洞×知识应用									0.059	1.139
R^2	0.852		0.844		0.844		0.846		0.845	
Adj. R^2	0.841		0.832		0.831		0.833		0.832	
ΔR^2	0.009***		0.001		0.001		0.003		0.002	
F-value	71.279***		66.877***		66.668***		67.595***		67.227***	
ΔF-value	7.018***		0.804		0.510		1.818		1.298	

注：表中列示的 β 值为标准化回归系数，t 值为双尾 t 检验的绝对值；模型 4a～7b 中的 ΔR^2 和 ΔF 是指与主效应模型 M3 相比较；* 表示 $p < 0.10$，** 表示 $p < 0.05$，**** 表示 $p < 0.01$。

系数大于零并且显著（β = 0.492，p < 0.01），从而支持了中心性与创新绩效存在正相关关系的假设 H1；结构洞的回归系数大于零并且显著（β = 0.451，p < 0.01），从而支持了结构洞与创新绩效存在正相关关系的假设 H2。

本研究假设 H3 提出企业的吸收能力与创新绩效正相关，模型 M3 对假设 H3a ~ H3d 进行了检验。模型 M3 在模型 M2 的基础上增加了知识获取、知识消化、知识转换和知识应用四个调节变量，使得模型有显著的解释力（R^2 = 0.843，F = 75.267，p < 0.01），而且比模型 M2 显著增加了解释力（ΔR^2 = 0.105，ΔF = 18.671，p < 0.01）；并且，从回归分析结果可看出，知识获取的回归系数大于零并且显著（β = 0.080，p < 0.05），从而支持了知识获取与创新绩效为正相关关系的假设 H3a，知识消化的回归系数大于零并且显著（β = 0.129，p < 0.01），从而支持了知识消化与创新绩效为正相关关系的假设 H3b，知识转换的回归系数大于零并且显著（β = 0.303，p < 0.01），从而支持了知识转换与创新绩效为正相关关系的假设 H3c，知识应用的回归系数大于零并且显著（β = 0.241，p < 0.01），从而支持了知识应用与创新绩效为正相关关系的假设 H3d。综合上述检验结果可知，吸收能力各维度与企业创新绩效正相关的假设全部得到支持，从而支持了假设 H3。

本研究假设 H4 提出企业的知识获取能力正向调节网络位置与创新绩效的关系，模型 M4a、M4b 分别对假设进行了检验。模型 M4a 在主效应模型 M3 的基础上增加中心性与知识获取的交互项，使得模型有显著的解释力（R^2 = 0.864，F = 78.569，p < 0.01），而且比模型 M3 显著增加了解释力（ΔR^2 = 0.021，ΔF = 17.307，p <

0.01）；并且，从回归分析结果可看出，中心性与知识获取的交互项的回归系数大于零并且显著（$\beta = 0.156$，$p < 0.01$），从而支持了知识获取能力正向调节中心性与创新绩效关系的假设 H4a。模型 M4b 在主效应模型 M3 的基础上增加结构洞与知识获取的交互项，使得模型有显著的解释力（$R^2 = 0.850$，$F = 69.672$，$p < 0.01$），而且比模型 M3 显著增加了解释力（$\Delta R^2 = 0.007$，$\Delta F = 4.749$，$p < 0.05$）；并且，从回归分析结果可看出，结构洞与知识获取的交互项的回归系数大于零并且显著（$\beta = 0.090$，$p < 0.05$），从而支持了知识获取能力正向调节结构洞与创新绩效关系的假设 H4b。综合上述模型 M4a、M4b 的检验结果可知，知识获取能力正向调节网络位置与创新绩效关系的假设 H4 得到了实证数据的支持。

本研究假设 H5 提出企业的知识消化能力正向调节网络位置与创新绩效的关系，模型 M5a、M5b 对假设进行了检验。模型 M5a 在主效应模型 M3 的基础上增加中心性与知识消化的交互项，使得模型有显著的解释力（$R^2 = 0.849$，$F = 69.360$，$p < 0.01$），而且比模型 M3 显著增加了解释力（$\Delta R^2 = 0.006$，$\Delta F = 4.309$，$p < 0.05$）；并且，从回归分析结果可看出，中心性与知识消化的交互项的回归系数大于零并且显著（$\beta = 0.105$，$p < 0.05$），从而支持了知识消化能力正向调节中心性与创新绩效关系的假设 H5a。模型 M5b 在主效应模型 M3 的基础上增加结构洞与知识消化的交互项，使得模型有显著的解释力（$R^2 = 0.852$，$F = 71.279$，$p < 0.01$），而且比模型 M3 显著增加了解释力（$\Delta R^2 = 0.009$，$\Delta F = 7.018$，$p < 0.01$）；并且，从回归分析结果可看出，结构洞与知识消化的交互项的回归系数大于零并且显著（$\beta = 0.118$，$p < 0.01$），从而支持了知识消化能

力正向调节结构洞与创新绩效关系的假设 H5b。综合上述模型 M5a、M5b 的检验结果可知，知识消化能力正向调节网络位置与创新绩效关系的假设 H5 得到了实证数据的支持。

本研究假设 H6 提出企业的知识转换能力正向调节网络位置与创新绩效的关系，模型 M6a、M6b 对假设进行了检验。模型 M6a 在主效应模型 M3 的基础上增加中心性与知识转换的交互项，模型虽然有显著的解释力（$R^2 = 0.844$，$F = 66.877$，$p < 0.01$），但模型 M6a 与模型 M3 相比没有显著增加解释力（$\Delta R^2 = 0.001$，$\Delta F = 0.804$，$p > 0.10$）；并且，从回归分析结果可看出，中心性与知识转换的交互项的回归系数并不显著（$\beta = 0.057$，$p > 0.10$），从而不支持知识转换能力正向调节中心性与创新绩效关系的假设 H6a。模型 M6b 在主效应模型 M3 的基础上增加结构洞与知识转换的交互项，模型虽然有显著的解释力（$R^2 = 0.844$，$F = 66.668$，$p < 0.01$），但模型 M6b 与模型 M3 相比没有显著增加解释力（$\Delta R^2 = 0.001$，$\Delta F = 0.510$，$p > 0.10$）；并且，从回归分析结果可看出，结构洞与知识转换的交互项的回归系数并不显著（$\beta = 0.031$，$p > 0.10$），从而不支持知识转换能力正向调节结构洞与创新绩效关系的假设 H6b。综合上述模型 M6a、M6b 的检验结果可知，知识转换能力正向调节网络位置与创新绩效关系的假设 H5 没有得到实证数据的支持。

本研究假设 H7 提出企业的知识应用能力正向调节网络位置与创新绩效的关系，模型 M7a、M7b 对假设进行了检验。模型 M7a 在主效应模型 M3 的基础上增加中心性与知识应用的交互项，模型虽然有显著的解释力（$R^2 = 0.846$，$F = 67.595$，$p < 0.01$），但模型 M7a 与模型 M3 相比没有显著增加解释力（$\Delta R^2 = 0.003$，$\Delta F =$

1.818，p＞0.10）；并且，从回归分析结果可看出，中心性与知识应用的交互项的回归系数并不显著（β＝0.076，p＞0.10），从而没有支持知识应用能力正向调节中心性与创新绩效关系的假设 H7a。模型 M7b 在主效应模型 M3 的基础上增加结构洞与知识应用的交互项，模型虽然有显著的解释力（R^2＝0.845，F＝67.227，p＜0.01），但模型 M7b 与模型 M3 相比没有显著增加解释力（ΔR^2＝0.002，ΔF＝1.298，p＞0.10）；并且，从回归分析结果可看出，结构洞与知识应用的交互项的回归系数并不显著（β＝0.059，p＞0.10），从而没有支持知识应用能力正向调节结构洞与创新绩效关系的假设 H7b。综合上述模型 M7a、M7b 的检验结果可知，知识应用能力正向调节网络位置与创新绩效关系的假设 H7 没有得到实证数据的支持。

6.3　假设检验结果及分析

综合上述假设检验情况，各假设检验结果总结于表 6 - 4。由表 6 - 4 可知，本研究关于中心性、结构洞和吸收能力各维度正向影响创新绩效的假设均得到了实证支持，在吸收能力各维度的调节作用检验中，知识获取和知识消化维度的调节作用也得到实证支持，而知识转换和知识应用能力的调节作用却没有得到实证结果的支持。我们发现，吸收能力各维度在调节变量作用上的差异与扎哈拉和乔治（2002）对吸收能力四个维度的分类相吻合。他们认为，知识获取和知识消化维度属于潜在吸收能力，而知识转换和知识应用能力属于现实吸收能力；潜在吸收能力的作用主要表现在持续更新知识储备，现实吸收能力则表现为通过产品的开发和应用获得收益①。根据扎哈拉和乔治（2002）的分析，我们认为良好的网络位置为企业提供了收集新信息和知识的便利，而更能充分利用和发挥这种便利性的是负责更新知识储备的潜在吸收能力，因此，潜在吸收能力更有可能与网络位置产生显著的交互效应；而现实吸收能力的功能是通过产品开发来获得创新收益，因此，它们的作用更多地表现在对创新绩效的直接影响上而不是调节作用上。

表 6 - 4 　　　　　　　　　研究假设检验结果一览

假设代号	假设陈述	实证结果
H1	企业的中心性与创新绩效正相关。	支持
H2	企业占据的结构洞数目与创新绩效正相关。	支持
H3	企业的吸收能力与创新绩效正相关。	支持
H3a	企业的知识获取能力与创新绩效正相关。	支持
H3b	企业的知识消化能力与创新绩效正相关。	支持
H3c	企业的知识转换能力与创新绩效正相关。	支持
H3d	企业的知识应用能力与创新绩效正相关。	支持
H4	企业的知识获取能力正向调节网络位置与创新绩效的关系。	支持
H4a	企业的知识获取能力正向调节中心性与创新绩效的关系。	支持
H4b	企业的知识获取能力正向调节结构洞与创新绩效的关系。	支持
H5	企业的知识消化能力正向调节网络位置与创新绩效的关系。	支持
H5a	企业的知识消化能力正向调节中心性与创新绩效的关系。	支持
H5b	企业的知识消化能力正向调节结构洞与创新绩效的关系。	支持
H6	企业的知识转换能力正向调节网络位置与创新绩效的关系。	不支持

---

① 关于潜在吸收能力和现实吸收能力的具体内涵，在本书2.3.4部分有具体介绍。

续表

假设代号	假设陈述	实证结果
H6a	企业的知识转换能力正向调节中心性与创新绩效的关系。	不支持
H6b	企业的知识转换能力正向调节结构洞与创新绩效的关系。	不支持
H7	企业的知识应用能力正向调节网络位置与创新绩效的关系。	不支持
H7a	企业的知识应用能力正向调节中心性与创新绩效的关系。	不支持
H7b	企业的知识应用能力正向调节结构洞与创新绩效的关系。	不支持

　　为了更直观地揭示知识获取能力对网络位置与创新绩效的调节作用，我们在图6-1（a）（b）中分别画出知识获取能力对中心性与创新绩效、结构洞与创新绩效的调节作用图。如图6-1（a）所示，知识获取能力对中心性与创新绩效起到正向调节作用。具体而言，对知识获取能力低的企业，中心性对创新绩效的正向作用关系较弱，甚至可能是负向作用关系；但对知识获取能力高的企业，中心性与创新绩效之间呈现出强的正向关系。如图6-1（b）所示，知识获取能力对结构洞与创新绩效起到正向调节作用。具体而言，对知识获取能力低的企业，结构洞对创新绩效的正向作用关系较弱；但对知识获取能力高的企业，结构洞与创新绩效之间呈现出强的正向关系。

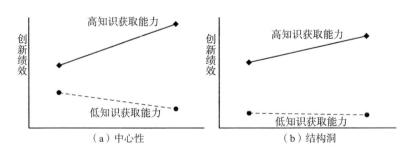

图6-1　知识获取能力对网络位置与创新绩效的调节作用

为了更直观地揭示知识消化能力对网络位置与创新绩效的调节作用，我们在图6-2（a）（b）中分别画出知识消化能力对中心性与创新绩效、结构洞与创新绩效的调节作用图。如图6-2（a）所示，知识消化能力对中心性与企业创新绩效起正向调节作用。具体而言，对知识消化能力低的企业，中心性与创新绩效的正向关系较弱；但对知识消化能力高的企业，中心性与创新绩效之间呈现出更强的正向关系。如图6-2（b）所示，知识消化能力对结构洞与企业创新绩效起到正向调节作用。具体而言，对知识消化能力低的企业，结构洞对创新绩效的正向作用关系较弱；但对知识消化能力高的企业，结构洞与创新绩效之间呈现出强的正向关系。

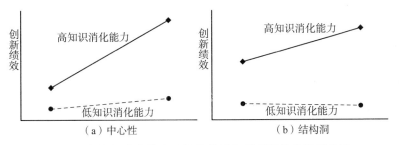

图6-2　知识消化能力对网络位置与创新绩效的调节作用

6.4　本章小结

本章在第5章的基础上进行了回归分析和研究假设。首先，我们对模型中的各个解释变量进行多重共线性检验，通过相关性分析和容忍度、方差膨胀因子、条件指针方法的检验，诊断结果表明各变量间基本不存在共线性问题，可进行多元线性回归分析。其次，我们应用 SPSS 15.0 统计软件通过 11 个模型对企业创新绩效进行回归分析,结果发现在控制变量的基础上,刻画网络位置的中心性和结构洞变量与创新绩效存在正相关关系;吸收能力的四个维度与创新绩效也存在正相关关系;同时,知识获取和知识消化能力显著正向调节网络位置与创新绩效的关系,而知识转换和知识应用能力的调节作用并不显著。最后,我们对 19 条假设检验结果进行汇总,并分析了知识转换和知识应用能力调节效应不显著的原因,同时为更直观地揭示知识获取、知识消化能力的调节作用,我们分别画出了它们对网络位置与创新绩效关系的调节作用示意图。

第 7 章

结论与未来研究方向

7.1 研究结论

关于企业创新绩效的研究一直是管理学界比较关注的问题之一，现有研究主要从企业外部或企业内部分别研究企业创新绩效的决定性因素。关注企业外部的学者认为，在传统的企业理论中，企业被假定为原子式个体，即各个企业之间是一种孤立、零散的关系；但在现代企业理论中，企业最终的价值创造和实现要依赖于利益相关者之间的合作，合作的质量越高、范围越广、程度越深，则企业的发展空间和潜力也就越大（李海舰和郭树民，2008）。钱锡红、徐万里、李孔岳（2009）的研究表明，企业间关系网络已是目前影响企业发展的最重要的关系网络类型，并且认为随着市场机制的进一步完善，企业间关系网络的影响还将进一步加强。企业间关系网络的重要性反映在创新实践中，即表现为创新的源泉不仅存在于企业内部，还存在于企业与其他行动者的关系之中（Powell et al.，

1996），Astra Zeneca 公司首席执行官 Tom McKillop 甚至认为"99%令人兴奋的想法都出现在研究室之外"（Escribano et al. , 2009）。因此，如何通过企业间合作网络进行知识交换、如何构建和占据有利的网络位置以提升企业创新绩效具有重要意义。但关注于企业内部能力的学者则认为，创新主要源自企业自身的能力积累，其中较有代表性的论述由吸收能力理论家提出。同时他们认为，企业占据有利的网络位置并不必然会导致高水平的创新绩效，因为创新的产生还需要诸如知识消化、转换和应用等一系列过程，而这些正是吸收能力所能赋予的。因此，本研究对企业外部网络位置、内部吸收能力影响企业创新绩效的两种观点进行整合，以深圳 IC 产业为实证研究对象，考察了在中国高技术产业背景下企业的网络中心性、结构洞、吸收能力及它们的交互效应对企业创新绩效的影响。

本研究得出了一些有意义的结论：

第一，网络中心性一定程度上决定了企业获得外部知识的能力，从而会强化企业创新绩效。范·希佩尔（1988）认为，新知识对于开发新产品和引致创新性想法至关重要，而知识的交换与获取需要关系的建立，需要行动者占据有利的网络位置。本研究结果表明，通过占据中心性的网络位置，企业能够从其他企业获得有用的信息，企业中心性通过提供共同学习、知识转移和信息交换的机遇而能够显著提升企业的创新绩效。此结论不但证明了通过网络获取知识的重要性，还进一步支撑了以往学者关于企业中心性对创新绩效影响的相关研究结论（Tsai，2001）。

第二，本研究实证结果表明企业占据结构洞有利于提升创新绩效，这一结论与阿胡加（2000）的实证结果相反，从而支持了开放式网络有利于企业创新绩效的观点。事实上，这分别代表了学术界关于结构洞与创新绩效关系的两种观点：一种观点认为富含结构洞的开放式网络有利于创新；另一种相反的观点强调闭合网络有利于创新。支持开放式网络的学者认为，社会结构利益源于开放网络所赋予的经纪行为（Burt，1992），跨越结构洞的企业通过与多个相互隔离的个体或簇群发生联系，并利用这些联系获取新颖和非冗余的信息，从而提升创新绩效（Burt，1992）。例如，哈加顿和苏登（Hargadon and Sutton，1997）认为企业作为结构洞的跨越者能够挖掘这一位置优势来开发新产品，从而结构洞有助于企业创新。支持闭合式网络的学者认为，紧密联结而结构洞较少的闭合网络能够培育企业间信任、强化合作惯例并降低机会主义行为，因而有利于创新绩效提升（Coleman，1990）。我们认为，对创新活动异常活跃、产品生命周期非常短的高技术产业而言，不断为产品和技术的开发注入新鲜的想法、知识和信息尤显重要。因此，在对 IC 产业的实证分析中，富含结构洞的开放式网络有助于创新就不难理解了。

第三，企业间吸收能力水平的不同是导致创新绩效差异的直接原因之一。考恩和利文索尔（1990）强调，企业置身于外部知识流并不能推动创新绩效的提高，只有通过培育和增强企业自身吸收能力才能从这些外部知识流中获益。蔡（2001）的实证研究表明，吸收能力越强取得的创新绩效就越高。扎哈拉和乔治（2002）提出了吸收能力的获取、消化、转换、应用四个维度，在实证研究中，这四个维度都得到了学者们的广泛应用（Jansen et al.，2005）。本研究结果支持企业吸收能力对创新绩效具有积极影响的观点，认为企业通过知识获取、消化、转换和应用能力可以有效地吸收外部知识，直接推动企业创新绩效的提升。

第四，以往研究仅关注网络位置对于创新绩效的直接影响，而不考虑这一影响是否依赖于企业的吸收能力（Tsai and Ghoshal, 1998）。例如，处于网络中心位置的企业或许能够通过网络联系获得知识，但并不一定有充分的能力来吸收这些知识。因此，企业越能够获得其他企业的知识，就越有必要拥有较高的吸收能力。即在网络联系扩张的过程中，企业必须对吸收能力进行投资（Tsai, 2001）。但吸收能力各维度对企业网络位置与创新绩效关系的调节作用并不一定是等同的，本研究在这方面取得了有意义的研究结果。具体而言：①对具有不同知识获取和知识消化能力的企业而言，网络位置对创新绩效的影响是不同的。伊斯克里巴诺等（2009）的研究表明，企业吸收能力越高就越能有效地管理外部知识流，从而促进创新绩效的提高。我们的研究结果支持了这一观点，具体而言，对知识获取和知识消化能力低的企业，企业改善网络位置得到的创新收益不明显；但对知识获取和知识消化能力高的企业，企业通过改善网络位置可以获得巨大的创新绩效收益。②企业知识转换、知识应用能力对网络位置与创新绩效的调节作用不显著，这一结果与知识获取、知识消化的显著调节作用不同，表明了吸收能力各维度所扮演的调节作用存在差异。本研究发现，这种差异与扎哈拉和乔治（2002）对吸收能力四个维度的分类相吻合。他们认为知识获取和知识消化维度属于潜在吸收能力，而知识转换和知识应用能力属于现实吸收能力，潜在吸收能力的作用主要表现在持续更新知识储备；现实吸收能力则表现为通过产品的开发和应用获得收益。潜在吸收能力与现实吸收能力的差异自扎哈拉和乔治（2002）提出后一直备受关注，詹森等（2005）的研究发现潜在吸收能力与现实吸收能力有不同的发展路径，从而提出它们之间可能有不同的功能作用，本研究发展了这一观点，实证结果表明，潜在吸收能力与现实吸收能力除了具有直接促进创新绩效的共同点外，还在网络位置和创新绩效的调节作用上存在明显的差异。

7.2　创新点和理论贡献

本研究的创新点和理论贡献主要体现在下面六个方面：

1. 对网络理论与企业吸收能力理论进行整合

贝尔（2005）在研究产业集群中企业网络位置对创新的影响时认为没有将吸收能力纳入研究框架是他的一大研究局限。事实上，目前国际上同时考虑网络位置和吸收能力对创新绩效影响的研究不多见，在国内而言就更为匮乏。我们认为，造成这一研究现状的重要原因之一是由于该类研究需要同时掌握社会网络分析方法和管理学的相关研究理论，而这种跨学科理论与方法的应用无疑成为相关研究人员的一大挑战。本书借助社会网络分析方法和管理学相关理论，整合了网络理论与企业吸收能力理论的相关观点，建立了一个较有解释力的研究模型。

2. 从一个新视角研究网络位置对创新的影响

我国多从整个区域或集群角度去研究区域或集群整体网络结构特征对于区域或集群创新系统形成及功能提升的影响（池仁勇，

2005），而很少从企业层面考察企业的网络位置对企业个体创新的影响（池仁勇，2007）。本研究认为，从区域或集群角度进行研究对推进区域或集群发展与升级有重要意义，但以个体企业为研究单元可以弥补区域或集群创新系统在微观分析方面的不足。事实上，近年国际上已出现了不少从企业层面研究企业网络位置对创新影响的研究（如，Bell，2005；Zaheer and Bell，2005；Caloghirou et al.，2004）。因此，本研究不是从区域或集群层面研究创新系统，而是将关注点放在企业的网络位置对个体企业创新绩效的影响方面，弥补了我国这方面研究的不足。

3. 引入吸收能力对于网络位置与创新绩效关系的调节效应

以往研究仅关注网络位置对于创新绩效的直接影响，而不考虑这一影响是否依赖于企业的吸收能力（Tsai and Ghoshal，1998）。正如蔡（2001）所认为，企业在改善网络位置的过程中，对吸收能力进行投资是组织学习新知识、并最终形成竞争优势的关键；只有高吸收能力的企业，才能在网络位置的改善中获得较满意的创新绩效。本研究认为，处于网络中心位置的企业固然能够通过网络联系获得更多的信息与知识，但并不一定有充分的能力来吸收这些知识，因此，本研究不但考虑了企业吸收能力的直接作用，还考虑了企业吸收能力的调节作用。

4. 研究吸收能力各维度对创新绩效的影响

随着学界对吸收能力研究的深入，简单笼统的吸收能力研究已不能满足人们理解和指导创新活动的要求，需要我们进一步探求吸收能力各维度对创新绩效的影响。本研究对吸收能力各维度展开了细致研究，将吸收能力各维度纳入到创新绩效的研究模型中来，得到了一些有意义的结论，这些结论深化了我们对吸收能力的理解，完善了创新绩效影响模型。

5. 将区域外部联系纳入到研究中来

以往关于创新网络的研究没有把区域外部联系纳入到研究范畴中来，只是将区域视为一种封闭系统（周泯非和魏江，2009），强调创新的内生动力机制，也即本地企业间的合作及企业与本地其他性质机构间的合作推动着创新。但在经济全球化和信息技术迅猛发展的推动下，跨区域甚至跨国家的知识、技术和资本成为整个区域及区域内企业创新的关键性因素。区域内的企业也越来越倾向于在区外寻找更多的合作伙伴，扩大外部的创新网络，通过战略联盟、研发合作、生产许可证或分包等形式获得远距离的知识和互补性资源（盖文启，2002）。因此，本研究将区域外部联系纳入到研究框架中来，拓展了影响企业创新的外部网络联系。

6. 验证了高技术产业中富含结构洞的开放网络更有利于创新

网络闭合理论认为密集粘着的网络结构对于创新有积极影响（Coleman，1988；Walker et al.，1997）；另一种观点持相反看法，认为社会结构利益源于开放网络所赋予的经纪行为（brokerage），因为行动者可以与多个相互隔离的簇群发生联系，并利用这些联系获取新颖和非冗余的信息，实现对其他行动者的控制（Burt，1992）。本研究认为，对于高技术产业来说，创新活动异常活跃，产品生命周期也非常短，需要不断为产品和技术的开发注入新鲜的想法、知识和信息，而这些正是结构洞所能赋予的，因而本研究得出了高技术产业中富含结构洞的开放式网络有利于创新的观点。

7.3　实　践　启　示

本研究结果对企业实践和相关管理部门具有重要启示：

首先，本研究发现企业占据优势网络位置对创新绩效有积极作用，因此，对企业而言，一方面要积极广泛构建企业间合作关系，争取成为合作网络的核心人物；另一方面要努力剔除冗余联系，打造最高效的企业间合作网络，从而提升企业占据的结构洞数目。对相关政府部门而言，鼓励企业主动走出去寻找合作伙伴，积极建立开放多样的创新合作联盟，从而提升当地企业在合作网络中的位置；要改善企业合作环境，只有在创新的环境中，各个行为主体之间的合作才能更容易形成有效的创新网络，因为每个行为主体都是有限理性的个体，其行为活动、共同参与创新的过程都受到制度、规则、习俗等环境因子的影响，创新网络的发育总是和周围环境密切相关，两者相互作用，协同发展（盖文启，2002）。

其次，本研究结果表明，企业的创新绩效除了受网络位置影响外还受企业自身吸收能力的影响，因此，对企业而言，要加大研发投入、重视与外界的信息和知识交换，努力培育吸收能力从而提升创新绩效。改革开放以来，我国一直比较重视从国外引进先进技术，但由于在技术引进上存在着"瀑布效应"，即技术转让国总是保持对技术引进国一定的技术优势。如果引进国不能尽快将引进的技术消化、吸收并转化成为本国的优势技术，那么引进国的企业就只能处于全球产业链条的低端。这就要求我国企业无论是从国外移植先进技术，还是通过吸引外资引进技术都需要加强消化、吸收的工作，不消化就不能真正为企业自身所用，不吸收就无法使技术成为经济发展动力。事实上，我国台湾地区 IC 产业的技术进步部分地来自于后进者的优势，更多地来自于企业系统吸收先进公司的经验，通过吸收能力的培育，台湾 IC 制造公司与国际先进公司之间的技术滞后期由 20 世纪 80 年代的 5 年迅速下降到 1994 年的 2 年（王缉慈，2001）。对相关政府部门而言，要制定促进企业吸收能力提升的政策。众多的实证研究表明，企业吸收能力可显著提升企业的创新绩效（Escribano et al.，2009），而企业创新是国家创新的重要力量，这对我国实施"提高自主创新能力，建设创新型国家"的战略有重要启示。同时，企业的吸收能力和国家的吸收能力有紧密联系（George and Prabhu，2003），因此，在知识开放的背景下，旨在培育企业吸收能力的政策将有助于一国吸收能力的提升，并促进国家层面的创新。

最后，本研究还发现，企业网络位置与吸收能力的交互效应对创新绩效有显著作用，因此，对企业和相关部门而言，一方面要努力打造优势网络、占据良好网络位置，另一方面还要加大研发力度、促进自身吸收能力的提高；这两个方面均需重视，不能偏废，才能在激烈的竞争中取胜。例如，韩国三大半导体生产商之一的三星电子一方面非常重视构建开放而灵活的技术学习系统，重视利用外部现有资源来弥补内部技术能力的不足，一直积极主动地建立技术网络并从外部引入技术；另一方面，三星电子还十分重视对引进的技术进行整合，在引进的基础上实现消化、吸收再创新（陆园园等，2006）①。

---

①　三星公司 1983 年在美国微电子技术公司的 64k DRAM（存储芯片）设计版图的基础上自行开发，并于 1984 年在 4 英寸线上投产，同时还开发成功 256k DRAM，于 1985 年在 6 英寸线上投产。

7.4　研究局限和未来展望

7.4.1　研究局限

社会科学研究掺杂了太多人的因素，而人类的行为如此复杂，所以不可能用现有的任何理论来完美解释。因而，任何模型都是不完全的，它只能将影响某一被解释事物的某个方面抽象出来，独立成形。正因为如此，人们才从各个不同的角度去认识、寻找规律，才使我们的研究更有意义（梁琦，2006）。在研究的过程中，我们力求做得更好，但在有限的篇幅内本研究仍存在如下不足：

第一，本研究的样本数据来自具有创新活力的高技术产业，因此研究结论若推广到传统产业时需持谨慎态度。例如，张和李（Zhang and Li，2008）对管理关系网络、企业内部资源与企业绩效的研究发现高技术产业的绩效相比传统产业更高，因为高技术产业享有更高的成长机遇，而传统产业可能面临激烈的竞争且高速成长的空间非常有限。因此，如若对多个产业进行研究，需对产业的效应进行控制。但在本研究中我们研究的企业都来自同一个产业，因此无需对产业因素进行控制，只是在研究结论推广时受到一定的限制。

第二，本研究数据源自同一份测量问卷，可能存在共同方法偏

差（common method bias）而产生系统误差①。为尽量避免同源误差
问题，在本研究设计阶段时我们就力求通过客观问卷题项的设置来
缩小同源误差。例如，对于因变量创新绩效的测量，本研究的调查
问卷中不但有主观创新绩效的题项，还要求企业填写较客观的专利
数、商标申请数、新增技术/流程/服务数，但该部分客观指标的问
卷填答效果并不令人满意，部分问卷或漏填或明显虚报，而被调查
企业中仅少数的上市公司或国有企业的专利数能从公司网站或报表
上获得，小企业有关专利申请的数据很难获取。同时，考虑到使用
专利数来测量创新绩效存在一定缺陷（Griliches，1990），本研究最
终决定采用主观创新绩效测量方法。事实上，国际上采用主观创新
绩效测量也是很常见的，例如本书创新绩效量表就来自著名学者贝
尔（2005）、里特和格穆顿（Ritter and Gemünden，2004）的研究。
此外，关于企业合作关系网络数据的收集国际上有些学者采用档案
研究法②，例如，阿胡加（2000）利用档案研究的方法，收集了西
欧、日本、美国制药业 97 家主导企业合作关系的 13 万条资料，从
而研究了企业的结构洞丰富程度对于创新的影响。该种方法虽然比
较客观，但应用起来也存在一些困难。首先，关于某些细分行业的
企业间合作往来的资料在我国由于数据库系统的发展不尽完善，因
此很难系统获得；其次，从企业雇员人数来看，我们研究的对象多

---

①　事实上，共同方法偏差可能源于同样的数据来源，抑或源于同样的评分者、同样
的测量环境、项目语境以及项目本身特征所造成的自变量与因变量之间的人为共变。这
种人为的共变对研究会产生潜在误导，是一种系统误差。

②　档案研究（Achival Research）方法是对现存的档案材料进行调查分析的一种方
法，具体的档案材料包括互联网资料、报纸的报道、政策或团体的记录、书籍、杂志、
个人信件、讲演稿等。这种方法可以弥补利用调查法或者问卷法收集网络资料不完善和
费用高昂的缺陷，在国外已经得到了一些应用（Padgett and Ansell，1993；Gil - Mendieta
and Schmidt，1996；Gould，1991；Ahuja，2000），但是在国内还比较少。利用档案可以
收集过去发生的，利用其他方法收集不到的关系资料。

数为中小企业①，而现实中有关这些中小企业的合作联系资料很难从档案中获取，或许是由于企业自身不重视档案资料的建设，或许是由于媒体对这些中小企业的关注普遍低下；最后，档案研究方法的优点之一在于收集过去的数据资料，而本研究更为关注企业当期的情况。考虑到这些困难，本研究也没有采用档案研究方法来收集企业创新合作的资料。无论如何，本研究确实可能存在同源报告误差问题。

第三，本研究用来进行假设检验的数据是通过问卷调查收集的横截面数据。横截面数据是在某一时点收集的不同对象的数据，研究的是某一时点上的某种现象。因此，所得结论本质上是变量间的相关关系，更为严谨的因果关系还需要纵向研究加以检验。例如，以几个时间点的数据来分析，网络位置与创新绩效之间的因果关系如何，是否具有良好创新绩效的企业在构建高中心性、富含结构洞的网络位置时也将更具优势？

7.4.2　未来展望

关于未来研究方向，本研究有如下建议：

第一，现实中的网络不是静止不变的，出于时间和精力的限制，本研究只选取一个截面对深圳 IC 产业典型企业的网络位置进行研究，但在现实中企业的网络位置并不是静止的。李林艳（2004）认为现有社会网络分析的研究存在动态分析不足的缺陷，她认为，一

---

① 按照我国 2003 年出台的《中华人民共和国中小企业促进法》，中型企业的雇员人数介于 300~2000 人，小型企业的雇员人数在 300 人以下。

种出色的社会分析，不能把社会结构看成是给定的，而必须能够说明它们的起源和持续。苏达等（Soda et al.，2004）认为时间因素对网络的影响非常重要，当前的网络结构或许不能完全解释一定的现象，但随着时间的推移，时间因素不但会影响所观察到的现象，还会影响这些现象产生的结果。但正如博特（2000a）认为的，现有研究很少从经验上将时间因素纳入到网络研究中。我们认为，未来学者们在对企业创新网络进行研究时，若能对网络的动态特征进行探讨，相信一定可以得到不少有意义的发现。在这方面，其实国外学者已有尝试，例如阿胡加（2000）、苏达等（2004）、卡斯帕（Casper，2007）。

第二，本研究重点关注同业企业间的合作创新网络。但由于不同的网络类型对研究结果的影响不同，为了便利而采取的单一网络的研究可能会得出误导的结论，即，某一重要结果很可能由另一类网络效应引起，由此产生跨层次分析谬误（cross-level fallacy）（Rousseau，1985）。学者们已经认识到组织是嵌入于一个多样化的且仅部分重叠的网络中（Powell and Smith - Doerr，1994）。因此，研究多种网络对于理解特定结果非常重要。例如，贝尔（2005）发现，管理网络（经理人员间的非正式关系）对企业创新有积极影响，而制度网络（企业间的正式关系）对创新的影响并不显著。高等（Gao et al.，2008）将企业的联系网络分为两类——与商业伙伴的网络和与大学伙伴的网络，研究结果表明，与大学的联系对创新的影响并不显著，而与商业伙伴的联系对企业创新具有显著的正向影响。池仁勇（2007）的研究发现中小企业与各类节点联系对创新绩效的影响存在差异，其中，与科研机构的联系最为重要。因此，未来可在本研究基础上加入其他类型的网络，或将本研究的企业网络进一步细分为具有上、下游分工协作关系的网络，研究多种网络的共同作用对企业创新绩效的影响。

第三，深入探讨吸收能力是否应作为网络位置与创新绩效的中介效应。事实上，研究初期我们已思考过吸收能力能否作为网络位置与创新绩效的中介变量，认为吸收能力可能既是调节变量又是中介变量，但随着对相关文献的阅读和研究的深入，我们认为吸收能力只是调节变量而不是中介变量。因为，从已有的文献（如，Cohen and Levinthal，1990；Zahra and George，2002；Todorova and Durisin，2007）来看，吸收能力的前因变量应是企业先验知识或研发投入，从而使我们更加确定吸收能力不是网络位置与创新绩效的中介变量。在实证上，事实上我们也尝试进行了中介效应检验，但遗憾的是结果并不显著，中介变量的思路也得不到经验数据的支持。不管怎样，未来学者们根据研究问题的不同，进一步探索吸收能力的中介效应还是值得的。

第四，虽然本研究诸如结构洞、中介中心性等指标的计算实质上都考虑了与焦点企业相距一步及以上的其他所有节点，但并没有将间接联系[①]独立出来研究它们对创新绩效的影响。阿胡加（2000）认为，企业的直接联系和间接联系都是影响创新绩效的重要变量，钱锡红等（2010）的研究也表明，间接联系对企业创新绩效具有正

---

① 间接联系是指企业间没有直接联系，只能通过一个或多个企业作为桥梁才能到达的企业关系。格兰诺威特（Granovetter，1973）关于弱联系的研究认为，间接联系关系可以使行动者获得更多新信息和机遇，能够在企业与其他社会团体间搭建桥梁，提供企业在其直接联系圈子里所不能获得的信息和资源。格兰诺威特（1973）的这一思想对于间接联系的研究无疑非常具有启发意义。

向影响，且这一影响视网络位置的高低而定①。但这些研究普遍都没有通过严谨的数理方法推导出间接联系与网络位置诸多指标之间的关系，因此，很难将间接联系与网络位置对创新绩效的影响分离开来。未来学者可尝试在这方面进行努力。

第五，本研究并未将企业间合作关系的强度独立出来考察它们对企业创新绩效的影响，因为和关系强度概念有关的弱关系与本研究的结构洞有一定的联系。一些研究认为，强关系有助于促进信任与合作，有利于企业获取更多精炼的（fine-grained）和高质量的信息和默会知识，降低组织间的机会主义行为。但关于组织间关系的研究表明，大多由强关系构成的战略网络可能会威胁到创新，而不是促进创新（Uzzi，1997）；而维持弱关系花费的成本、时间和精力较少，更重要的是，弱关系可以传递新鲜的知识、信息和商业机会，避免知识和信息的冗余，从而鼓励和加速企业创新的潜能。通过弱关系的维系，企业能够有效地发展非冗余联系，从而扩展网络多样性（Burt，1992），而鲍姆等（Baum et al.，2000）在研究生物技术企业时发现能够获得多样化信息的网络对企业专利注册的比率提升具有正向影响。鲁夫（Ruef，2002）的研究也表

---

① 钱锡红等（2010）认为，企业的间接联系是促进创新绩效提升的一个重要因素。因为创新是一个涉及信息收集与处理的信息密集型活动，单凭企业自身的实力只能掌握有限的知识和技术，而企业的间接联系使得企业能够在更广阔且灵活的范围内对技术、信息进行监控。通过间接联系，企业一方面可以扩大知识搜寻范围并获得所需的互补性知识，另一方面，这些信息当中可能有一些是未曾预料到的有用信息、具有激发企业变革和创新的巨大潜能（Granovetter，1973）。同时，她（他）们认为，间接联系与创新绩效的关系受企业中心度和结构洞数目的调节。具体而言，中心度低的企业相比中心度高的企业从间接联系中获得的创新绩效更高，即高中心度削弱了间接联系对企业创新绩效的正向影响，从而表现出中心度负向调节间接联系与创新绩效的关系；结构洞较多的企业相比结构洞较少的企业从间接联系中获得的创新绩效更高，即较多的结构洞放大了间接联系对企业创新绩效的正向影响，从而表现出结构洞正向调节间接联系与创新绩效的关系。

明，如果新创团队的成员拥有多样化的网络并与外部弱关系进行频繁交流，他们将会对自身想法的创新性给予更高的评价。因此，未来研究可进一步将行动者间的关系强度纳入到研究中，考察关系强度对企业创新的影响。①

---

① 关于弱连带在企业间合作关系中的具体运用，最新的研究可参阅卡帕尔多（Ca-paldo，2007）。为了克服以往研究的缺陷，卡帕尔多（2007）吸纳了格兰诺威特（1973）最初的思想，设计了一个组织间关系强度的测量方法。他将强弱关系概念化为一种程度，而不是主观设定一个临界值。卡帕尔多（2007）基于以前组织间层次对于关系强度的研究提出了三类合作行为来测量关系强度：刻画关系的时间维度（Kraatz，1998），行动者资源承诺的水平（Rowley et al.，2000），以及在人际间和组织间层次发展起来的社会内容（Rindfleisch and Moorman，2001）。因此，卡帕尔多（2007）将关系强度构建为一个由时间、资源和社会三个维度构成的概念。相比于较弱的企业间关系，较强的企业间关系具有更长的时间范围、更高的资源承诺以及更紧密的人际间关系和基于信任的组织间联系。最终，他用三个变量来测量组织间关系的强度：关系的持续期；合作的频率；合作的密切程度（intensity）。关系持续时间越久、合作的频率和密切程度越高，关系的强度（strength）就越大。

附录　调查问卷

《网络位置、吸收能力与企业创新绩效》研究

尊敬的先生/女士：

　　您好！感谢您参与此次调查！

　　本问卷旨在研究深圳市 IC 企业的合作关系网络、吸收能力与企业创新绩效的关系，问卷资料只作整体分析，不对单个企业的情况进行描述，而且仅用于学术研究，因此请您放心填答。我们保证，除了研究者外，其他任何人绝对不会看到您的问卷及所填答的答案。

　　所有答题者都可以分享本研究项目的研究成果，我们相信这些关于社会关系网络的研究成果对贵公司具有很大的参考意义。

　　恳请您挤出一点宝贵的时间仔细填答每一个问题，请不要漏项。完成问卷后请尽快递交、邮寄或 E-mail 给联系人，谢谢！

联系人：×××

通信地址：×××

电话：×××

E-mail：×××

第一部分

（一）请您根据贵公司实际情况，对下面七分值题项进行评分（在对应数字位置打"√"）

题项	强烈反对	比较反对	有点反对	一般	有点同意	比较同意	非常同意
员工经常参观其他企业	1	2	3	4	5	6	7
为获取新知识经常与其他企业进行交流	1	2	3	4	5	6	7
员工通过非正式渠道获取业内信息	1	2	3	4	5	6	7
其他企业与我公司的交流很少	1	2	3	4	5	6	7
经常与第三方机构交流，如会计师事务所、咨询公司等	1	2	3	4	5	6	7
定期与顾客或第三方机构组织活动来获取新知识	1	2	3	4	5	6	7
能够快速分析和理解变化的市场需求	1	2	3	4	5	6	7
员工比较擅长把外部新技术吸纳到公司内部	1	2	3	4	5	6	7
能快速理解外部技术/服务机遇	1	2	3	4	5	6	7
对于市场变化反应比较迟钝	1	2	3	4	5	6	7
定期讨论市场发展趋势和新产品开发事宜	1	2	3	4	5	6	7
密切跟踪新产品/新服务的市场需求变化	1	2	3	4	5	6	7
能快速识别外部新知识对公司是否有用	1	2	3	4	5	6	7
很难从外部新知识中获得对公司发展有利的机会	1	2	3	4	5	6	7
员工会主动学习并积累未来可能用到的新知识	1	2	3	4	5	6	7
员工很少分享实践经验	1	2	3	4	5	6	7
我公司经常推敲如何更有效地应用知识	1	2	3	4	5	6	7

题项	强烈反对	比较反对	有点反对	一般	有点同意	比较同意	非常同意
我公司推行新产品/新服务存在一定的困难	1	2	3	4	5	6	7
我公司各部门有清晰的责任分工	1	2	3	4	5	6	7
员工对公司产品和服务有共同话题	1	2	3	4	5	6	7
我公司对顾客的抱怨视而不见	1	2	3	4	5	6	7
员工都清楚公司各项活动应如何执行	1	2	3	4	5	6	7
与主要竞争对手相比，							
本公司成功推出新产品的种类非常多	1	2	3	4	5	6	7
本公司成功推出新产品的速度非常快	1	2	3	4	5	6	7
本公司对生产工艺进行创新和改进的速度非常快	1	2	3	4	5	6	7
本公司对组织管理进行创新和改进的速度非常快	1	2	3	4	5	6	7
与三年前相比，							
本公司目前产品的改进程度非常大	1	2	3	4	5	6	7
本公司目前产品难以被其他企业复制和模仿	1	2	3	4	5	6	7
本公司现有生产设备和工艺的技术水平非常先进	1	2	3	4	5	6	7
本公司目前的组织管理非常合理	1	2	3	4	5	6	7
积极申请专利、商标或版权保护	1	2	3	4	5	6	7
提供的产品或服务在市场上有极高的独特性	1	2	3	4	5	6	7
对研发活动非常重视	1	2	3	4	5	6	7
有严密的知识产权保护措施	1	2	3	4	5	6	7
企业文化鼓励创新精神	1	2	3	4	5	6	7
对有创新能力的员工给予激励	1	2	3	4	5	6	7
积极建设员工交流的场所	1	2	3	4	5	6	7
鼓励部门间的交流	1	2	3	4	5	6	7
重视为员工提供培训	1	2	3	4	5	6	7

（二）请您根据贵公司实际情况，对下面五分值题项进行评分（在对应数字位置打"√"）：

题项	强烈反对	比较反对	一般	比较同意	非常同意
与同行相比，我们常常在行业内率先推出新产品/新服务	1	2	3	4	5
与同行相比，我们常常在行业内率先应用新技术	1	2	3	4	5
与同行相比，我们的产品改进与创新有非常好的市场反应	1	2	3	4	5
与同行相比，我们的产品包含一流的先进技术与工艺	1	2	3	4	5
与同行相比，我们的新产品开发成功率非常高	1	2	3	4	5

第二部分

在深圳市内、国内（除深圳市）、国外 IC 产业中与贵企业进行密切技术合作的企业有哪些?

（请填写企业名称）

深圳市内（3~10 家）	国内（3~10 家）	国外（3~10 家）
1.	1.	1.
2.	2.	2.
3.	3.	3.
4.	4.	4.
5.	5.	5.
6.	6.	6.
7.	7.	7.
8.	8.	8.
9.	9.	9.
10.	10.	10.

与贵企业合作比较密切的科研机构/大学的名称（3～10家）：

1.	6.
2.	7.
3.	8.
4.	9.
5.	10.

请根据贵公司的关系网络情况填写下表：

	政府单位	科研机构	金融机构	客户/分销商	供应商	中介机构
右边的组织类型中，与贵公司关系密切的具体单位数各多少	＿＿个	＿＿个	＿＿个	＿＿个	＿＿个	＿＿个
总体而言，贵公司与右边各类组织的关系密切程度如何（满分5分）	＿＿分	＿＿分	＿＿分	＿＿分	＿＿分	＿＿分

注：中介机构包括培训中心、会计师事务所、律师事务所、行业协会、商会、其他中介机构。

第三部分

1. 贵公司的企业性质：

○国有企业　　　○民营/私营企业　　　○港澳台商投资企业

○外资独资企业　○中外合资企业　　　○其他

2. 贵公司成立于＿＿＿＿＿＿年。

3. 贵公司雇员人数：

○100 人以下　　　○100～499 人　　　　○500～1000 人

○1000 人以上

4. 目前本公司资产总额为：

○1000 万元及以下　　　　　　○1001 万～3000 万元

○3001 万～5000 万元　　　　　○5001 万～1 亿元

○1 亿元以上

5. 公司近三年如下指标完成情况：

销售收入　2006 年（　　）万元　2007 年（　　）万元

2008 年（　　）万元

研发投入　2006 年（　　）万元　2007 年（　　）万元

2008 年（　　）万元

6. 2008 年贵公司新增成果统计（请在括号内填上相应数字）

新增产品（　）个　新增服务（　）项　新增技术（　）项

新增流程（　）条　申请专利（　）项　申请商标（　）个

国家/省级奖项（　）个　市级奖项（　）个

7. 贵公司在 IC 产业中处于哪个生产环节？

○设计　　　　　○制造　　　　　○封装

8. 贵公司名称：＿＿＿＿＿＿＿＿＿。（非常重要，请您务必填写）

9. 请填写您的 E-mail：＿＿＿＿＿＿＿＿＿。

问卷到此结束，谢谢您的支持！

参 考 文 献

[1] Achilladelis, B. , Schwarzkopf, A. & Clines, M. A Study of Innovation in the Pesticide Industry: Analysis of the Innovation Record of an Industrial Sector [J]. Research Policy, 1987, 16: 175 – 212.

[2] Acs, Z. J. & Audretsch, D. B. Innovation in Large and Small Firms: An Empirical Analysis [J]. American Economic Review, 1988, 78 (4): 678 – 690.

[3] Adler, P. & Kwon, S. – W. Social Capital: Prospects for a New Concept [J]. Academy of Management Review, 2002, 27: 17 – 40.

[4] Ahuja, G. Collaboration Networks, Structural Holes, and Innovation: A Longitudinal Study [J]. Administrative Science Quarterly, 2000, 45: 425 – 455.

[5] Ahuja, M. K. , Galletta, D. F. & Carley, K. M. Individual Centrality and Performance in Virtual R&D Groups: An Empirical Strudy [J]. Management Science, 2003, 49 (1): 21 – 38.

[6] Amit, R. & Schoemaker, P. Strategic Assets and Organizational Rent [J]. Strategic Management Journal, 1993, 14: 33 – 46.

[7] Asheim, B. T. & Isaksen, A. Location, Agglomeration and Innovation: Toward Regional Innovation Systems in Norway? [J]. Europe-

an Planning Studies, 1997, 5 (3): 299 – 330.

[8] Asheim, B. T. & Isaksen, A. Regional Innovation Systems: The Integration of Local "Sticky" and Global "Ubiquitous" Knowledge [J]. Journal of Technology Transfer, 2002, 27: 77 – 86.

[9] Atuahene – Gima, K. The Effects of Centrifugal and Centripetal Forces on Product Development Speed and Quality: How Does Problem Solving Matter [J]. Academy of Management Journal, 2003, 46 (3): 359 – 373.

[10] Bae, J. & Gargiulo, M. Partner Substitutiability, Alliance Network Structure, and Firm Profitability in the Telecommunications Industry [J]. Academy of Management Journal, 2004, 47 (6): 843 – 859.

[11] Baker, T., Miner, A. S. & Easley, D. T. Improvising Firms: Bricolage, Account Giving and Improvisational Competencies in the Founding Process [J]. Research Policy, 2003, 32 (2): 255 – 276.

[12] Baldwin, T. T., Bedell, M. D. & Johnson, J. L. The Social Fabric of a Team-based MBA Program [J]. Academy of Management Journal, 1997, 40 (6): 1369 – 1397.

[13] Baptista, R. & Swann, G. M. P. Do Firms in Clusters Innovate More? [J]. Research Policy, 1998, 27: 525 – 540.

[14] Barabasi, A. – L. Linked: The New Science of Networks [M]. MA: Perseus Publishing. 2002.

[15] Barabasi, A. – L. Network Theory: The Emergence of the Creative Enterprise [J]. Science, 2005, 308: 639 – 641.

［16］ Barney, J. B. Firm Resources and Sustained Competitive Advantage ［J］. Journal of Management, 1991, 17: 99 – 120.

［17］ Barringer, B. R. , & Harrison, J. S. Walking a Tight Rope: Creating Value through Interorganizational Relationships ［J］. Journal of Management, 2000, 26: 367 – 403.

［18］ Basberg, B. L. Foreign Patenting in the U. S. as a Technology Indicator: The Case of Norway ［J］. Research Policy, 1983, 12: 227 – 237.

［19］ Baum, J. A. C. , Calabrese, T. & Silverman, B. S. Don't Go It Alone: Alliance Network Composition and Startups' Performance in Canadian Biotechnology ［J］. Strategic Management Journal, 2000, 21 (3): 267 – 294.

［20］ Bavelas, A. A Mathematical Model for Group Structures ［J］. Human Organization, 1948, 7: 16 – 30.

［21］ Bavelas, A. Communication in Task-oriented Groups ［J］. Journal of the Acoustical Society of America, 1950, 22: 271 – 282.

［22］ Bell, G. G. , Clusters, Networks, and Firm Innovativeness ［J］. Strategic Management Journal, 2005, 26: 287 – 295.

［23］ Bonacich, P. Factoring and Weighting Approaches to Status Scores and Clique Identification ［J］. Journal of Mathematical Sociology, 1972, 2, 113 – 120.

［24］ Borgatti, S. P. Consensus Analysis. http: //www. analytictech. com/borgatti/consensus. htm. 1997.

［25］ Borgatti, S. P. , Johns, C. & Everett, M. Network Measures of Social Capital [J]. Connections, 1998, 21: 1 – 36.

[26] Boschma, R. A. & ter Wal, A. L. J. Knowledge Networks and Innovative Performance in an Industrial District: The Case of a Footwear District in the South of Italy [J]. Industry and Innovation, 2007, 14 (2): 177 – 199.

[27] Bourdieu, P. The Forms of Capital. In: Richardson, J. G. (ed.), Handbook of Theory and Research for the Sociology of Education [C]. Greenwood Press. 1986.

[28] Brass, D. J. Being in the Right Place: A Structural Analysis of Individual Influence in an Organization [J]. Administrative Science Quarterly, 1984, 29: 518 – 539.

[29] Brass, D. J. & Burkhart, M. E. Centrality and Power in Organizations. In: Nohria, N., & Eccles, R. G. (ed.), Networks and Organizations [C]. MA: Harvard Business School Press, 1992, 191 – 215.

[30] Brass, D. J. & Burkhardt, M. E. Potential Power and Power Use: An Investigation of Structure and Behavior [J]. Academy of Management Journal, 1993, 36: 440 – 470.

[31] Brown, J. S. & Duguid, P., Organizational Learning and Communities of Practice: Toward a Unified View of Working, Learning, and Innovation [J]. Organization Science, 1991, 2: 40 – 57.

[32] Brown, S. L. & Eisenhardt, K. M. Competing on the Edge: Strategy as Structured Chaos [M]. MA: Harvard Business School Press. 1998.

［33］ Bryant, K. , Healy, M. & Lombardo, L. Charting National Innovation System: An Australian Approach. Informal Workshop on National Innovation Systems, Paris, 3 October. 1996.

［34］ Buchanan, M. Nexus: Small Worlds and the Groundbreaking Science of Networks ［M］. NY: Norton & Company. 2002.

［35］ Burns, T. & Stalker, G. The Management of Innovation ［M］. London: Tavistock. 1994.

［36］ Burt, R. S. Models of Network Structure ［J］. Annual Review of Sociology, 1980, 6: 79 – 141.

［37］ Burt, R. S. Structural Holes: The Social Structure of Competition ［M］. MA: Harvard University Press. 1992.

［38］ Burt, R. S. The Contingent Value of Social Capital ［J］. Administrative Science Quarterly, 1997, 42 (2): 339 – 365.

［39］ Burt, R. S. Decay Functions ［J］. Social Networks, 2000a, 22: 1 – 28.

［40］ Burt, R. S. The Network Structure of Social Capital. In: Sutton, R. I. & Staw, B. M. (eds.), Research in Organizational Behavior ［C］. CT: JAI Press. 2000b.

［41］ Burt, R. S. Structural Holes and Good Ideas ［J］. American Journal of Sociology, 2004, 110 (2): 349 – 399.

［42］ Burt, R. S. Brokerage & Closure ［M］. NY: Oxford University Press. 2005.

［43］ Burt, R. S. , Hogarth, R. M. & Michaud, C. The Social Capital of French and American Managers ［J］. Organization Science,

2000, 11 (2): 123 – 147.

[44] Caloghirou, Y., Kastelli, I. & Tsakanikas, A. Internal Capabilities and External Knowledge Sources: Complements or Substitutes for Innovative Performace? [J]. Technovation, 2004, 24: 29 – 39.

[45] Camagni, R. Local "Milieu", Uncertainty and Innovation Networks: Towards a New Dynamic Theory of Economic Space. In: Camagni, R. (eds.), Innovation Networks: Spatial Perspectives [C]. London: Belhaven Press. 1991.

[46] Campbell, K. E., Marsden, P. V. & Hurlbert, J. S. Social Resources and Socioeconomic Status [J]. Social Networks, 1986, 8 (1): 97 – 117.

[47] Capaldo, A. Network Structure and Innovation: The Leveraging of a Dual Network as a Distinctive Relational Capability [J]. Strategic Management Journal, 2007, 28: 585 – 608.

[48] Carrington, P. J., Scott, J. & Wasserman, S. Models and Methods in Social Network Analysis [M]. NY: Cambridge University Press. 2005.

[49] Casper, S. How Do Technology Clusters Emerge and Become Sustainable? Social Network Formation and Inter – Firm Mobility within the San Diego Biotechnology Cluster [J]. Research Policy, 2007, 36: 438 – 455.

[50] Christensen, C. M., Suárez, F. F. & Utterback, J. M. Strategies for Survival in Fast – Changing Industries [J]. Management Science, 1998, 44 (12): S207 – S220.

［51］ Chung, S. , Singh, H. & Lee, K. Complementarity, Status Similarity and Social Capital as Drivers of Alliance Formation ［J］. Strategic Management Journal, 2000, 21: 1 – 22.

［52］ Clark, K. B. & Fujimoto, T. Product Development Performance: Strategy, Organization, and Management in the World Auto Industry ［M］. Boston: Harvard Business School Press. 1991.

［53］ Cockburn, I. M. & Henderson, R. M. Absorptive Capacity, Co-authoring Behavior, and the Organization of Research in the Drug Industry ［J］. Journal of Industrial Economics, 1998, 46 （2）: 157 – 183.

［54］ Cohen, S. G. & Bailey, D. E. What Makes Teams Work: Group Effectiveness Research from the Shop Floor to the Executive Suite ［J］. Journal of Management, 1997, 23 （3）: 239 – 290.

［55］ Cohen, W. M. & Levinthal, D. A. Innovation and Learning: The Two Faces of R&D ［J］. Economic Journal, 1989, 99: 569 – 596.

［56］ Cohen, W. M. & Levinthal, D. A. Absorptive Capacity: A New Perspective on Learning and Innovation ［J］. Administrative Science Quarterly, 1990, 35 （1）: 128 – 152.

［57］ Coleman, J. Social Capital in the Creation of Human Capital ［J］. American Journal of Sociology, 1988, 94: 95 – 120.

［58］ Coleman, J. Foundations of Social Theory ［M］. MA: Harvard University Press. 1990.

［59］ Comanor, W. S. & Scherer, F. M. Patent Statistics as a Measure of Technical Change ［J］. Journal of Political Economy, 1969, 77:

392 - 398.

[60] Cooke, P. Introduction: Origins of the Concept. In: Braczyk, H. - J., Cook, P., & Heidenreich, P. (ed.), Regional Innovation Systems [C]. London: UCL Press, 1998, 2 - 25.

[61] Cooke, P. Regional Innovation Systems: General Findings and Some New Evidence from Biotechnology Clusters [J]. Journal of Technology Transfer, 2002, 27: 133 - 145.

[62] Cook, K. & Emerson, R. Power, Equity and Commitment in Exchange Networks [J]. American Sociological Review, 1978, 43 (5): 721 - 739.

[63] Cooke, P. & Morgan, K. The Associational Economy: Firms, Regional and Innovation [M]. NY: Oxford University Press. 1998.

[64] Cooke, P. & Schienstock, G. Structural Competitiveness and Learning Regions [J]. Enterprise and Innovation Management Studies, 2000, 1 (3): 265 - 280.

[65] Crossan, M. M., Lane, H. W. & White, R. E. An Organizational Learning Framework: From Intuition to Institution [J]. Academy of Management Review, 1999, 24 (3): 522 - 537.

[66] Czepiel, J. A. Patterns of Interorganizational Communications and the Diffusion of a Major Technological Innovation in a Competitive Industrial Community [J]. Academy of Management Journal, 1975, 18: 6 - 24.

[67] Das, T. K. & Teng, B. - S. Resource and Risk Management in the Strategic Alliance Making Process [J]. Journal of Management,

1998, 24: 21 – 42.

[68] Das, T. K. & Teng, B. – S. A Resource-based Theory of Strategic Alliances [J]. Journal of Management, 2000, 26: 31 – 61.

[69] Davern, M. Social Networks and Economic Sociology: A Proposed Research Agenda for a More Complete Social Science [J]. American Journal of Economics and Sociology, 1997, 56 (3): 287 – 302.

[70] Deng, X. D. , Doll, W. J. & Cao, M. Exploring the Absorptive Capacity to Innovation/Productivity Link for Individual Engineers Engaged in IT Enabled Work [J]. Information & Management, 2008, 45 (2), 75 – 87.

[71] DeVellis, R. F. Scale Development: Theory and Applications [M]. Sage Publications. 1991.

[72] Dosi, G. Sources, Procedures, and Microeconomic Effects of Innovation [J]. Journal of Economic Literature, 1988, 26 (September): 1120 – 1171.

[73] Dougherty, D. & Hardy, C. Sustained Product Innovation in Large, Mature Organizations: Overcoming Innovation to Organization Problems [J]. Academy of Management Journal, 1996, 39: 1120 – 1153.

[74] Drucker, P. F. Post-capitalist Society [M]. NY: Butterworth Heineman. 1993.

[75] Dussauge, P. , Garrette, B. & Mitchell, W. Learning from Competing Partners: Outcomes and Durations of Scale and Link Alliances in Europe, North America and Asia [J]. Strategic Management Journal,

2000, 21: 99 – 126.

［76］ Dyer, J. H. & Nobeoka, K. Creating and Managing a High-performance Knowledge-sharing Network: The Toyota Case ［J］. Strategic Management Journal, 2000, 21 (Special Issue): 345 – 367.

［77］ Dyer, J. H. & Singh, H. The Relational View: Cooperative Strategy and Sources of Interorganizational Competitive Advantage ［J］. Academy of Management Review, 1998, 23 (4): 660 – 679.

［78］ Dyer, B. & Song, X. M. The Impact of Strategy on Conflict: A Cross-national Comparative Study of U. S. and Japanese Firms ［J］. Journal of International Business Studies, 1997, 28: 467 – 493.

［79］ Eccles, R. G. The Quasifirm in the Construction Industry ［J］. Journal of Economic Behavior and Organization, 1981, 2: 335 – 357.

［80］ Eisenhardt, K. M. & Schoonhoven, C. B. Resource – Based View of Strategic Alliance Formation: Strategic and Social Effects in Entrepreneurial Firms. Organization Science, 1996, 7 (2): 136 – 150.

［81］ Erickson, B. Some Problems of Inference from Chain Data. In: Schuessler, K. F. (ed.), Sociological Methodology ［C］. San Francisco: Jossey – Bass, 1979, 276 – 302.

［82］ Erickson, B. & Nosanchuk, T. A. Applied Network Sampling ［J］. Social Networks, 1983, 5: 367 – 382.

［83］ Escribano, A. , Fosfuri, A. & Tribó, J. A. Managing External Knowledge Flows: The Moderating Role of Absorptive Capacity ［J］. Research Policy, 2009, 38: 96 – 105.

［84］ Everett, M. & Borgatti, S. Extending Centrality. In: Carrington, P., Scott, J. & Wasserman, S. (ed.), Models and Methods in Social Network Analysis [C]. NY: Cambridge University Press, 2005, 57 – 76.

[85] Feldman, M. Location and Innovation: The New Economic Geography and Innovation, Spillovers, and Agglomeration. In: Clark, G. L., Feldman, M. P., & Gertler, M. S. (ed.), The Oxford Handbook of Economic Geography [C]. NY: Oxford University Press. 2000.

[86] Floyd, S. W. & Wooldridge, B. Knowledge Creation and Social Networks in Corporate Entrepreneurship: The Renewal of Organizational Capability [J]. Entrepreneurship: Theory & Practice, 1999, 23 (3): 123 – 143.

[87] Fornell, C. & Larcker, D. F. Evaluating Structural Equation Models with Unobservable Variables and Measurement Error [J]. Journal of Marketing Research, 1981, 18 (1): 39 – 50.

[88] Frank, O. Statistical Inference in Graphs [M]. Stockholm: Försvarets Forskninganstalt. 1971.

[89] Frank, O. Estimation of Population Totals by Use of Snowball Samples. In: Hollan, P. W., Leinhardt, S. (ed.), Perspectives on Social Network Research [C]. NY: Academic Press, 1979, 319 – 348.

[90] Freeman, C. Technology and Policy and Economic Performance: Lessons from Japan [M]. London: Printer. 1987.

[91] Freeman, L. C. Centrality in Social Networks: Conceptual Clarification [J]. Social Networks, 1979, 1: 215 – 239.

[92] Freeman, L. C. Networks of Innovators: A Synthesis of Re-

search Issues [J]. Research Policy, 1991, 20: 363 - 379.

[93] Friedkin, N. E. Theoretical Foundations for Centrality Measures [J]. American Journal of Sociology, 1991, 96 (6): 1478 - 1504.

[94] Friedken, N. E. & Johnson, E. C. A Structural Theory of Social Influence [M]. NY: Cambridge University Press. 1998.

[95] Fukuyama, F. Trust: The Social Virtues and the Creation of Prosperity [M]. NY: Free Press. 1995.

[96] Fukuyama, F. The Great Disruption: Human Nature and the Reconstitution of Social Order [M]. NY: Free Press. 1999.

[97] Gabby, S. M. & Leenders, R. A. J. Social Capital of Organizations: From Social Structure to the Management of Corporate Social Capital. In: Gabby, S. M., & Leenders, R. A. J. (ed.), Research in the Sociology of Organizations [C]. CT: JAI Press, 2001, 1 - 20.

[98] Gao, S. X., Xu, K. & Yang, J. J. Managerial Ties, Absorptive Capacity, and Innovation [J]. Asia Pacific Journal of Management, 2008, 25: 395 - 412.

[99] Geletkanyca, M. A. & Hambrick, D. C. The External Ties of Top Executives: Implications for Strategic Choice and Performance [J]. Administrative Science Quarterly, 1997, 42: 654 - 681.

[100] George, G. & Prabhu, G. N. Developmental Financial Institutions as Technology Policy Instruments: Implications for Innovation and Entrepreneurship in Emerging Economies [J]. Research Policy, 2003, 32: 89 - 108.

［101］Giuliani, E. & Bell, M. The Micro – Determinants of Micro – Level Learning and Innovation: Evidence from a Chilean Wine Cluster ［J］. Research Policy, 2005, 34: 47 – 68.

［102］Glaister, K. W. & Buckley, P. J. Strategic Motives for International Alliance Formation ［J］. Journal of Management Studies, 1996, 33: 301 – 332.

［103］Gnyawali, D. R. & Madhavan, R. Cooperative Networks and Competitive Dynamics: A Structural Embeddedness Perspective ［J］. Academy of Management Review, 2001, 26 (3): 431 – 445.

［104］Gomes – Casseres, B. Group versus Group: How Alliance Networks Compete ［J］. Harvard Business Review, 1994, 72: 62 – 74.

［105］Goodman, L. A. Snowball Sampling ［J］. Annals of Mathematical Statistics, 1961, 32: 148 – 170.

［106］Grandori, A. Interfirm Networks: Organization and Industrial Competitiveness ［C］. NY: Routledge. 1999.

［107］Granovetter, M. The Strength of Weak Ties ［J］. American Journal of Sociology, 1973, 78 (6): 1360 – 1380.

［108］Granovetter, M. Getting a Job: A Study of Contacts and Careers ［M］. MA: Harvard University Press. 1974.

［109］Griliches, Z. Patent Statistics as Economic Indicators: A Survey ［J］. Journal of Economic Literature, 1990, 27: 1661 – 1707.

［110］Gulati, R. Does Familiarity Breed Trust? The Implications of Repeated Ties for Contractual Choice in Alliances ［J］. Academy of Management Journal, 1995, 38 (1): 85 – 112.

[111] Gulati, R. Alliances and Networks [J]. Strategic Management Journal, 1998, 19: 293 – 317.

[112] Gulati, R. Network Location and Learning: The Influence of Network Resources and Firm Capabilities on Alliance Formation [J]. Strategic Management Journal, 1999, 20: 397 – 420.

[113] Gulati, R. & Gargiulo, M. Where Do Interorganizational Networks Come from? [J]. American Journal of Sociology, 1999, 104 (5): 1439 – 1493.

[114] Gulati, R., Nohria, N. & Zaheer, A. Strategic Networks [J]. Strategic Management Journal, 2000, 21 (Special Issue): 199 – 201.

[115] Hagedoorn, J. A Note on International Market Leaders and Networks of Strategic Technology Partnering [J]. Strategic Management Journal, 1995, 16: 214 – 225.

[116] Hakanson, H. Industrial Technological Development: A Network Approach [M]. London: MacMillan. 1987.

[117] Hanneman, R. A. & Riddle, M. Introduction to Social Network Methods. http://faculty.ucr.edu/ ~ hanneman/. 2005.

[118] Hansen, M. T. The Search-transfer Problem: The Role of Weak Ties in Sharing Knowledge across Organizational Subunits [J]. Administrative Science Quarterly, 1999, 44: 82 – 111.

[119] Hargadon, A. B. Brokering Knowledge: Linking Learning and Innovation [J]. Research in Organizational Behavior, 2002, 24: 41 – 85.

［120］Hargadon, A. & Sutton, R. I. Technology Brokering and Innovation in a Product Development Firm ［J］. Administrative Science Quarterly, 1997, 42: 716 – 749.

［121］Harhoff, D., Narin, F., Scherer, F. M. & Vopel, K. Citation Frequency and the Value of Patented Inventions ［J］. Review of Economics and Statistics, 1999, 81 (3): 511 – 515.

［122］Harland, C. Networks and Globalization ［R］. EPSRC Final Report, No. GRK5317. 1995.

［123］Harrison, D. A., McLaughin, M. E. & Coalter, T. M. Context, Cognition, and Common Method Variance: Psychometric and Verbal Protocol Evidence ［J］. Organizational Behavior and Human Process, 1996, 68: 246 – 261.

［124］Hayton, J. C. Competing in the New Economy: The Effect of Intellectual Capital on Corporate Entrepreneurship in High-technology New Ventures ［J］. R&D Management, 2005, 35 (2): 137 – 155.

［125］Heidenreich, M. The Renewal of Regional Capabilities Experimental Regionalism in Germany ［J］. Research Policy, 2005, 34 (5): 739 – 757.

［126］Henderson, R. Underinvestment and Incompetence as Responses to Radical Innovation: Evidence from the Photolithographic Alignment Equipment Industry ［J］. RAND Journal of Economics, 1993, 24 (2): 248 – 270.

［127］Henderson, R. & Cockburn, I. Measuring Competence? Exploring Firm Effects in Pharmaceutical Research ［J］. Strategic Management Journal, 1994, 15 (Special Issue): 63 – 84.

[128] Henson, R. K. Understanding Internal Consistency Reliability Estimates: A Conceptual Primer on Coefficient Alpha [J]. Measurement and Evaluation in Counseling and Development, 2001, 34 (3): 177 – 189.

[129] Higgins, M. C. Changing Careers: The Effects of Social Context [J]. Journal of Organizational Behavior, 2001, 22 (6): 595 – 618.

[130] Hoffman, K. , Parejo, M. , Bessant, J. & Perren, L. Small Firms, R&D, Technology and Innovation in the UK: A Literature Review [J]. Technovation, 1998, 18 (1): 39 – 55.

[131] Holmqvist, M. Experiential Learning Processes of Exploitation and Exploration within and between Organizations: An Empirical Study of Product Development [J] . Organization Science, 2004, 15 (1): 70 – 81.

[132] Huber, G. Organizational Learning: The Contributing Processes and the Literature [J]. Organization Science, 1991, 2: 88 – 115.

[133] Ibarra, H. Network Centrality, Power, and Innovation Involvement: Determinants of Technical and Administrative Roles [J] . Academy of Management Journal, 1993a, 36: 471 – 501.

[134] Ibarra, H. Power, Social Influence, and Sense Making: Effects of Network Centrality and Proximity on Employee Perceptions [J]. Administrative Science Quarterly, 1993b, 38 (2): 277 – 303.

[135] Imai, K. & Baba, Y. Systematic Innovation and Cross-border Networks: Transcending Markets and Hierarchies to Create a New

Techno-economic System. In: OECD, Technology and Productivity: The Challenge for Economic Policy. Paris: OECD. 1988.

[136] Inkpen, A. C. Learning through Joint Ventures: A Framework of Knowledge Acquisition [J]. Journal of Management Studies, 2000, 37 (7): 1019 – 1044.

[137] Inkpen, A. C. & Tsang, E. W. K. Social Capital, Networks, and Knowledge Transfer [J]. Academy of Management Review, 2005, 30 (1): 146 – 165.

[138] Ireland, R. D. , Hitt, M. A. & Vaidyanath, D. Alliance Management as a Source of Competitive Advantage [J]. Journal of Management, 2002, 28: 413 – 446.

[139] Jacobs, J. The Death and Life of Great American Cities [M]. NY: Vintage. 1961.

[140] Jansen, J. J. P. , Van den Bosch, F. A. J. & Volberda, H. W. Managing Potential and Realized Absorptive Capacity: How Do Organizational Antecedents Matter? [J]. Academy of Management Journal, 2005, 48 (6): 999 – 1015.

[141] Jarillo, J. C. On Strategic Networks [J]. Strategic Management Journal, 1988, 9: 31 – 41.

[142] Johanson, J. The Balance of Corporate Social Capital. In: Gabby, S. M. , & Leenders, R. A. J. (ed.), Research in the Sociology of Organizations [C]. CT: JAI Press, 2001, 1 – 20.

[143] Jones, C. , Hesterly, W. S. & Borgatti, S. P. A General Theory of Network Governance: Exchange Conditions and Social Mecha-

nisms [J]. Academy of Management Review, 1997, 22 (4): 911 - 945.

[144] Kaiser, H. F. An Index of Factorial Simplicity [J]. Psychometrika, 1974, 39 (1): 31 - 36.

[145] Kale, P., Singh, H. & Perlmutter, H. Learning and Protection of Proprietary Assets in Strategic Alliances: Building Relational Capital [J]. Strategic Management Journal, 2000, 21 (Special Issue): 217 - 237.

[146] Kazanjian, R. K., Drazin, R. & Glynn, M. A. Implementing Strategies for Corporate Entrepreneurship: A Knowledge-based Perspective. In: Hitt, M. A., Ireland, R. D., Camp, S. M., & Sexton, D. L. (ed.), Strategic Entrepreneurship: Creating an Integrated Mindset [C]. Oxford: Blackwell. 2002.

[147] Keller, R. T. Cross-functional Project Groups in Research and New Product Development: Diversity, Communications, Job Stress, and Outcomes [J]. Academy of Management Journal, 2001, 44: 547 - 555.

[148] Kilduff, M. & Tsai, W. P. Social Networks and Organizations [J]. London: Sage Publications. 2003.

[149] Kim, L. The Dynamics of Samsung's Technological Learning in Semiconductors [J]. California Management Review, 1997, 39 (3): 86 - 100.

[150] Kim, L. Crisis Construction and Organizational Learning: Capability Building in Catching-up at Hyundai Motor [J]. Organization

Science, 1998, 9: 506 – 521.

[151] Kleinecht, A. Patenting in the Netherlands: A Cross-section Test on the Industry Life Cycles [M]. Paris: OECD. 1982.

[152] Kline, S. J. & Rosenberg, N. An Overview of Innovation. In: Landau, R., & Rosenberg, N. (ed.), The Positive Sum Strategy: Harnessing Technology for Economic Grwoth [C]. Washington: National Academy Press, 1986, 275 – 306.

[153] Knoke, D. & Burt, R. S. Prominence. In: Burt, R. S., & Minor, M. (ed.), Applied Network Analysis: A Methodological Introduction [C]. CA: Beverly Hills. 1983.

[154] Knoke, D. & Kuklinski, J. H. Network Analysis [M]. Beverly Hills: Sage. 1982.

[155] Kogut, B. & Zander, U. Knowledge of the Firm, Combinative Capabilities, and the Replication of Technology [J]. Organization Science, 1992, 3: 383 – 397.

[156] Kraatz, M. S. Learning by Association? Interorganizational Networks and Adaptation to Environmental Change [J]. Academy of Management Journal, 1998, 41 (6): 621 – 643.

[157] Lane, P. J., Koka, B. R. & Pathak, S. The Reification of Absorptive Capacity: A Critical Review and Rejuvenation of the Construct [J]. Academy of Management Review, 2006, 31 (4): 833 – 863.

[158] Lane, P. J. & Lubatkin, M. Relative Absorptive Capacity and Interorganizational Learning [J]. Strategic Management Journal, 1998, 19 (5): 461 – 477.

[159] Lane, P. J., Salk, J. E., Lyles, M. Absorptive Capacity, Learning, and Performance in International Joint Ventures [J]. Strategic Management Journal, 2001, 22 (12): 1139 – 1161.

[160] Lee, C., Lee, K. & Pennings, J. M. Internal Capabilities, External Networks, and Performance: A Study on Technology-based Ventures [J]. Strategic Management Journal, 2001, 22: 615 – 640.

[161] Lei, D., Hitt, M. A. & Bettis, R. Dynamic Core Competences through Meta-learning and Strategic Context [J]. Journal of Management, 1996, 22: 549 – 569.

[162] Leonard – Barton, D. Core Capabilities and Core Rigidities [J]. Strategic Management Journal, 1992, 13: 111 – 125.

[163] Liao, J., Welsch, H. & Stoica, M. Organizational Absorptive Capacity and Responsiveness: An Empirical Investigation of Growth-oriented SMEs [J]. Entrepreneurship: Theory and Practice, 2003, 28, (1): 63 – 85.

[164] Lichtenthaler, U. Absorptive Capacity, Environmental Turbulence, and the Complementarity of Organizational Learning Processes [J]. Academy of Management Journal, 2009, 52 (4): 822 – 846.

[165] Lin, N. Social Resources and Instrumental Action. In: Marsden, P., & Lin, N. (ed.), Social Structure and Network Analysis [C]. Sage Publications. 1982.

[166] Lin, N. Social Networks and Status Attainment [J]. Annual Review of Socioloy, 1999, 25: 467 – 487.

[167] Lin, N. & Ensel, W. M. Life Stress and Health: Stressors

and Resources [J]. American Sociological Review, 1989, 54 (3): 382 – 399.

[168] Lin, Z. A. , Peng, M. W. , Yang, H. B. & Lisun, S. How Do Networks and Learning Drive M&As? An Institutional Comparison between China and the United States [J]. Strategic Management Journal, 2009, 30: 1113 – 1132.

[169] Lippman, S. A. & Rumelt, R. P. Uncertain Imitability: An Analysis of Interfirm Differences in Efficiency under Competition [J]. The Bell Journal of Economics, 1982, 13 (2): 418 – 438.

[170] Lundvall, B. A. Innovation as an Interactive Process: From User? Producer Interaction to the National System of Innovation. In: Dosi, G. , Freeman, C. , Nelson, R. , Silverberg, G. , & Soete, L. (ed.), Technical Change and Economic Theory [C]. London: Pinter, 1988, 349 – 369.

[171] Lundvall, B. A. National System of Innovation: Towards a Theory of Innovation and Interactive Learning [M]. London: Pinter Publishers. 1992.

[172] Luo, J. – D. , Chi, S. – C. & Lin, D. Who is Trustworthy: A Comparison of Social Relations across the Taiwan Strait. Paper presented at the conference of North American Chinese Sociologists Association, Chicago, Aug. 14th. 2002.

[173] Lyles, M. A. & Schwenk, C. R. Top Management, Strategy and Organizational Knowledge Structures [J]. Journal of Management Studies, 1992, 29: 155 – 174.

［174］Madhaven, R., Koka, B. R. & Prescott, J. E. Networks in Transition: How Industry Events (Re) Shape Interfirm Relationships [J]. Strategic Management Journal, 1998, 19 (5): 439 – 459.

［175］Malecki, E. J. Technology & Economic Development: The Dynamic of Local, Regional and National Competitiveness (2nd edition) [M]. Addison Wesley Longman. 1997.

［176］Mangematin, V. & Nesta, L. What Kind of Knowledge Can a Firm Absorb? [J]. International Journal of Technology Management, 1999, 18 (3 – 4): 149 – 172.

［177］March, J. G. & Simon, H. A. Organizations [M]. NY: Wiley. 1958.

［178］Matusik, S. F. & Heeley, M. B. Absorptive Capacity in the Software Industry: Identifying Dimensions That Affect Knowledge and Knowledge Creation Activities [J]. Journal of Management, 2005, 31: 549 – 572.

［179］McEvily, B. & Zaheer, A. Bridging Ties: A Source of Firm Heterogeneity in Competitive Capabilities [J]. Strategic Management Journal, 1999, 20 (12): 1133 – 1156.

［180］Mehra, A., Kilduff, M. & Brass, D. The Social Networks of High and Low Self Monitors: Implications for Workplace Performance [J]. Administateive Science Quarterly, 2001, 46, 121 – 146.

［181］Mitchell, J. C. The Concept and Use of Social Networks. In Mitchell, J. C. (ed.), Social Networks in Urban Stuations [C]. Manchester: University of Manchester Press. 1969.

[182] Mitchell, W. & Singh, K. Survival of Businesses Using Collaborative Relationships to Commercialize Complex Goods [J]. Strategic Management Journal, 1996, 17: 169 - 195.

[183] Mizruchi, M. & Sterns, L. B. Getting Deals Done: The Use of Social Networks in Bank Decision Making [J]. American Sociological Review, 2001, 66: 647 - 671.

[184] Monge, P. & Contractor, N. Emergence of Communication Networks. In: Jablin, F., & Putnam, L. (eds.), The Second Handbook of Organizational Communication [C]. CA: Sage. 2000.

[185] Moreno, J. Who Shall Survive? [M]. NY: Beacon Press. 1934.

[186] Mowery, D. C. & Oxley, J. E. Inward Technology Transfer and Competitiveness: The Role of National Innovation Systems [J]. Cambridge Journal of Economics, 1995, 19: 67 - 93.

[187] Mowery, D. C., Oxley, J. E. & Silverman, B. S. Strategic Alliances and Interfirm Knowledge Transfer [J]. Strategic Management Journal, 1996, 17: 77 - 91.

[188] Mowery, D. C., Oxley, J. E. & Silverman, B. S. Technology Overlap and Interfirm Cooperation: Implications for the Resource-based View of the Firm [J]. Research Policy, 1998, 27 (5): 507 - 523.

[189] Nahapiet, J. & Ghoshal, S. Social Capital, Intellectual Capital, and the Organizational Advantage [J]. Academy of Management Review, 1998, 23 (2): 242 - 260.

[190] Nelson, R. R. National Innovation Systems: A Comparative Analysis [C]. NY: Oxford University Press. 1993.

[191] Newman, M. E. J. The Structure and Function of Complex Networks [J]. SIAM Review, 2003, 45: 167 – 256.

[192] Nicholls – Nixon, C. L. & Woo, C. Y. Technology Sourcing and Output of Established Firms in a Regime of Encompassing Technological Change [J]. Strategic Management Journal, 2003, 24 (7): 651 – 666.

[193] Nieto, M. & Quevedo, P. Absorptive Capacity, Technological Opportunity, Knowledge Spillovers, and Innovative Effort [J]. Technovation, 2005, 25: 1141 – 1157.

[194] Nohria, N. Is a Network Perspective a Useful Way of Studying Organizations? . In: Nohria, N. , & Eccles, R. G. (ed.), Networks and Organizations [C]. MA: Harvard Business School Press, 1992, 191 – 215.

[195] Nohria, N. & Eccles, R. G. Networks and Organizations [C]. MA: Harvard Business School Press. 1992.

[196] Nooteboom, B. Trust: Forms, Foundations, fFunctions, Failures and Figures [M]. MA: Edward Elgar Publishing. 2002.

[197] Ohmae, K. The Rise of the Region State [J]. Foreign Affairs, 1993, 72: 78 – 87.

[198] Oliver, A. L. , Kalish, Y. & Yair, G. Refection on "Brokerage and Closure" [J]. Social Networks, 2007, 29: 330 – 339.

[199] Owen – Smith, J. & Powell, W. W. , Knowledge Networks

as Channels and Conduits: The Effects of Spillovers in the Boston Biotechnology Community [J]. Organization Science, 2004, 15: 5 – 21.

[200] Peng, M. W. & Health, P. S. The Growth of the Firm in Planned Economies in Transition: Institutions, Organizations, and Strategic Choice. Academy of Management Review, 1996, 21 (2): 492 – 528.

[201] Penrose, E. T. The Theory of the Growth of the Firm [M]. NY: ME Sharpe. 1959.

[202] Pescosolido, B. A. & Georgianna, S. Durkheim, Suicide, and Religion: Toward a Network Theory of Suicide [J]. American Sociological Review, 1989, 54 (1) : 33 – 48.

[203] Piore, M. J. & Sabel, C. F. The Second Industrial Divide [M]. NY: Basic Books. 1984.

[204] Podolny, J. & Baron, J. Resources and Relationships: Social Networks and Mobility in the Workplace [J]. American Sociological Review, 1997, 62: 673 – 693.

[205] Powell, W. W. Neither Market nor Hierarchy: Network Forms of Organization [J]. Research in Organizational Behavior, 1990, 12: 295 – 336.

[206] Powell, W. W. Learning from Collaboration: Knowledge Networks in the Biotechnology and Pharmaceutical Industries [J]. California Management Review, 1998, 40 (3): 224 – 240.

[207] Powell, W. W. , Koput, K. W. & Smith – Doerr, L. Interorganizational Collaboration and the Locus of Innovation: Networks of

Learning in Biotechnology [J]. Administrative Science Quarterly, 1996, 41: 116 - 145.

[208] Powell, W. W. & Smith - Doerr, L. Networks and Economic Life. In: Smelser, N. J. and Swedberg, R. (eds.), The Handbook of Economic Sociology [M]. NJ: Princeton University Press. 1994.

[209] Prabhu, J. C., Chandy, R. K. & Ellis, M. E. The Impact of Acquisitions on Innovation: Poison Pill, Placebo, or Tonic? [J]. Journal of Marketing, 2005, 69: 114 - 130.

[210] Prell, C. Community Networking and Social Capital: Early Investigaions [J]. JCMC, 2003, 8 (3): 1 - 22.

[211] Putnam, R. D. Making Democracy Work: Civic Traditions in Modern Italy [M]. NJ: Princeton University Press. 1993.

[212] Putnam, R. D. Bowling Alone: America's Declining Social Capital [J]. Journal of Democracy, 1995, 6: 65 - 78.

[213] Radcliffe - Brown, A. R. On Social Structure [J]. The Journal of the Royal Anthropological Institute of Great Britain and Ireland, 1940, 70 (1): 1 - 12.

[214] Reagans, R. & McEvily, B. Network Structure and Knowledge Transfer: The Effects of Cohesion and Range [J]. Administrative Science Quarterly, 2003, 48, 240 - 267.

[215] Reagans, R., Zuckerman, E. & McEvily, B. How to Make the Team: Social Networks vs. Demography as Criteria for Designing Effective Teams [J]. Administrative Science Quarterly, 2004, 49: 101 - 133.

[216] Rindfleisch, A. & Moorman, C. The Acquisition and Utili-

zation of Information in New Product Alliances: A Strength-of – Ties Perspective [J]. Journal of Marketing, 2001, 65 (2): 1 – 18.

[217] Ritter, T. & Gemünden, H. G., The Impact of a Company's Business Strategy on Its Technological Competence, Network Competence and Innovation Success [J]. Journal of Business Research, 2004, 57 (5): 548 – 556.

[218] Roberts, K. H. & O'Reilly, C. A. Some Correlations of Communication Roles in Organizations [J]. Academy of Management Journal, 1979, 22: 42 – 57.

[219] Rocha, A. Sectoral Patterns of Technological Cooperation. Rio de Janeiro: Universidade Federal Fluminense, mimeo. 1997.

[220] Rothermael, F. T. & Thursby, M. University-incubator Firm Knowledge Flows: Assessing Their Impact on Incubator Firm Performance [J]. Research Policy, 2005, 34 (3): 305 – 320.

[221] Rousseau, D. M., Issues of Level in Organizational Research. In: Cummings, L. L., & Staw, B. M. (ed.), Research in Organizational Behavior [C]. JAI Press, 1985, 1 – 37.

[222] Rowley, T. J. & Baum, J. A. C. The Dynamics of Network Strategies and Positions [J]. Advances in Strategic Management, 2002, 25, 641 – 671.

[223] Rowley, T., Behrens, D., & Krackhardt, D. Redundant Governance Structures: An Analysis of Structural and Relational Embeddedness in the Steel and Semiconductor Industries [J]. Strategic Management Journal, 2000, 21 (Special Issue): 369 – 386.

［224］ Ruef, M. Strong Ties, Weak Ties and Islands: Structural and Cultural Predictors of Organizational Innovation ［J］. Industrial and Corporate Change, 2002, 11 (3): 427 – 449.

［225］ Rumelt, R. Theory, Strategy, and Entrepreneurship. In: Teece, D. J. (ed.), The Competitive challenge: Strategies for Industrial Innovation and Renewal ［C］. MA: Ballinger, 1987, 137 – 159.

［226］ Sabidussi, G. The Centrality Index of a Graph ［J］. Psychometrika, 1966, 31: 581 – 603.

［227］ Salman, N. & Saives, A. – L. Indirect Networks: An Intangible Resource for Biotechnology Innovation ［J］. R&D Management, 2005, 35 (2): 203 – 215.

［228］ Scherer, F. M. Firm Size, Market Structure, Opportunity and the Output of Patented Inventions ［J］. American Economic Review, 1965, 55: 1097 – 1125.

［229］ Schumpeter, J. The Theory of Economic Development ［M］. MA: Harvard University Press. 1934.

［230］ Scott, J. Social Network Analysis: A Handbook (2nd edition) ［M］. London: Sage Publications. 2000.

［231］ Seibert, S. E., Kraimer, M. L. & Liden, R. C. A Social Capital Theory of Career Success ［J］. Academy of Management Journal, 2001, 44 (2): 219 – 237.

［232］ Shan, W., Walker, G. & Kogut, B. Interfirm Cooperation and Startup Innovation in the Biotechnology Industry ［J］. Strategic Management Journal, 1994, 15: 387 – 395.

[233] Shaw, M. E. Group Structure and the Behavior of Individuals in Small Groups [J]. Journal of Psychology, 1954, 38: 139 – 149.

[234] Shook, C. L. , Ketchen, D. J. , Hult, G. T. M. & Kacmar, K. M. An Assessment of the Use of Structural Equation Modeling in Strategic Management Research [J] . Strategic Management Journal, 2004, 25 (4): 397 – 404.

[235] Simmel, G. Conflict and the Web of Group Affiliations [M]. NY: Free Press. 1922.

[236] Soda, G. , Usai A. & Zaheer, A. Network Memory: The Influence of Past and Current Networks on Performance [J]. Academy of Management Journal, 2004, 47 (6): 893 – 906.

[237] Song, M. , Dyer, B. & Thieme, R. J. Conflict Management and Innovation Performance: An Integrated Contingency Perspective [J]. Journal of the Academy of Marketing Science, 2006, 34: 341 – 356.

[238] Sorensen, J. B. & Start, T. E. Aging, Obsolescence, and Organizational Innovation [J]. Administrative Science Quarterly, 2000, 45: 81 – 112.

[239] Sparrow, R. T. , Linden, R. C. , Wayne, S. J. & Kraimer, M. L. Social Networks and the Performance of Individuals and Groups [J]. Academy of Management Journal, 2001, 44 (2): 316 – 325.

[240] Spender, J. – C. Making Knowledge the Basis of a Dynamic Theory of the Firm [J]. Strategic Management Journal, 1996, 17: 45 – 62.

[241] Stuart, T. E. Network Positions and Propensities to Collaborate: An Investigation of Strategic Alliance Formation in a High-technolo-

gy Industry [J]. Administrative Science Quarterly, 1998, 43: 668 – 698.

[242] Stuart, T. E. Interorganizational Alliances and the Performance of Firms: A Study of Growth and Innovation Rates in a High-technology Industry [J]. Strategic Management Journal, 2000, 21: 791 – 811.

[243] Stuart, T. E. & Podonly, J. M. Positional Causes and Correlates of Strategic Alliances in the Semiconductor Industry [J]. Research in the Sociology of Organizations, 1999, 16: 161 – 182.

[244] Sternberg, R. & Arndt, O. The Firm or the Region: What Determines the Innovation Behavior of European Firms? [J]. Economic Geography, 2001, 77 (4): 364 – 382.

[245] Stock, G. N., Greis, N. P. & Fischer, W. A. Absorptive Capacity and New Product Development [J]. Journal of High Technology Management Research, 2001, 12: 77 – 91.

[246] Szulanski, G. Exploring Internal Stickiness: Impediments to the Transfer of Best Practice Within the Firm [J]. Strategic Management Journal, 1996, 17: 27 – 43.

[247] Szulanski, G., Capetta, R. & Jensen, R. J. When and How Trust Worthiness Matters: Knowledge Transfer and the Moderating Effect of Causal Ambiguity [J]. Organization Science, 2004, 15: 600 – 613.

[248] Teece, D. Profiting from Technological Innovation: Implications for Integration: Collaboration, Licencing, and Public Policy. Research Policy, 1986, 15 (6): 285 – 305.

［249］Teece, D. Competition, Cooperation, and Innovation: Organizational Arrangements for Regimes of Rapid Technological Progress ［J］. Journal of Economic Behavior and Organization, 1992, 18（1）: 1 – 25.

［250］Thorelli, H. B. Networks: Between Markets and Hierarchies ［J］. Strategic Management Journal, 1986, 7（1）: 37 – 51.

［251］Tiwana, A. & McLean, E. R. Expertise Integration and Creativity in Information Systems Development ［J］. Journal of Management Information Systems, 2005, 22: 13 – 43.

［252］Todorova, G. & Durisin, B. Absorptive Capacity: Valuing a Reconceptualization ［J］. Academy of Management Review, 2007, 32（3）: 774 – 786.

［253］Trajtenberg, M. A Penny for Your Quotes: Patent Citations and the Value of Innovations ［J］. RAND Journal of Economics, 1990, 21: 172 – 187.

［254］Tsai, W. Knowledge Transfer in Intraorganizational Networks: Effects of Network Position and Absorptive Capacity on Business Unit Innovation and Performance ［J］. Academy of Management Journal, 2001, 44（5）: 996 – 1004.

［255］Tsai, W. & Ghoshal, S. Social Capital and Value Creation: The Role of Intrafirm Networks ［J］. Academy of Management Journal, 1998, 41: 464 – 476.

［256］Tushman, M. & Anderson, P. Technological Discontinuities and Organizational Environments ［J］. Administrative Science Quarterly, 1986, 31: 439 – 465.

［257］Uzzi, B. The Sources and Consequences of Embeddedness for the Economic Performance of Oganizations: The Network Effect ［J］. American Sociological Review, 1996, 61: 674 – 698.

［258］Uzzi, B. Social Structure and Competition in Interfirm Networks: The Paradox of Embeddedness ［J］. Administrative Science Quarterly, 1997, 42: 35 – 67.

［259］Van den Bosch, F. , Volberda, H. & de Boer, M. Coevolution of Firm Absorptive Capacity and Knowledge Environment: Organizational Forms and Combinative Capabilities ［J］. Organization Science, 1999, 10: 551 – 568.

［260］Van de Ven, A. H. Central Problems in the Management of Innovation ［J］. Management Science, 1986, 32 (5): 590 – 607.

［261］Veugelers, R. Internal R&D Expenditures and External Technology Sourcing ［J］. Research Policy, 1997, 26: 303 – 315.

［262］Von Hippel, E. The Sources of Innovation ［M］. NY: Oxford University Press. 1988.

［263］Walker, G. Network Position and Cognition in a Computer Software Firm ［J］. Administrative Science Quarterly, 1985, 30 (1): 103 – 131.

［264］Walker, G. , Kogut, B. & Shan, W. Social Capital, Structural Holes and the Formation of an Industry Network ［J］. Organization Science, 1997, 8 (2): 109 – 125.

［265］Wasserman, S. & Faust, K. Social Network Analysis: Methods and Applications ［M］. NY: Cambridge University Press. 1994.

［266］ Watts, D. J. Six Degrees: The Science of a Connected Age ［M］. NY: Norton & Company. 2003.

［267］ Wernerfelt, B. A Resource-based View of the Firm ［J］. Strategic Management Journal, 1984, 5: 171 – 180.

［268］ Wigand, R. T. Communication Network Analysis: History and Overview. In: Goldhaber, G., & Barnett, G. (ed.), Handbook of Organization Communication ［C］. NJ: Ablex, 1988, 319 – 359.

［269］ Williamson, O. E. Transaction Cost Economics. In: Armstrong, M., & Porter, R. H. (ed.), Handbook of Industrial Organization (Volume III) ［C］. Linacre House. 1989.

［270］ Williamson, O. E. Comparative Economics Organization: The Analysis of Discrete Structural Alternatives. Administrative Science Quarterly, 1991, 36 （2）: 269 – 296.

［271］ Yli – Renko, H. , Autio, E. & Sapienze, H. J. Social capital, Knowledge Acquisition, and Knowledge Exploitation in Young Technology-based Firms ［J］. Strategic Management Journal, 2001, 22: 587 – 613.

［272］ Zaheer, A. & Bell, G. G. Benefiting from Network Position: Firm Capabilities, Structural Holes, and Performance ［J］. Strategic Management Journal, 2005, 26 （9）: 809 – 825.

［273］ Zahra, S. A. & George, G. Absorptive Capacity: A Review, Reconceptualization, and Extension ［J］. Academy of Management Review, 2002, 27: 185 – 203.

［274］ Zahra, S. A. & Hayton, J. C. The Effect of International Venturing on Firm Performance: The Moderating Influence of Absorptive

Capacity [J]. Journal of Business Venturing, 2008, 23: 195 – 220.

[275] Zahra, S. A. , Ireland, D. & Hitt, M. A. International Expansion by New Venture Firms: International Diversity, Mode of Market Entry, Technological Learning, and Performance [J]. Academy of Management Journal, 2000, 43 (5): 925 – 950.

[276] Zahra, S. A. , Nielsen, A. P. & Bogner, W. C. Corporate Entrepreneurship, Knowledge, and Competence Development [J]. Entrepreneurship Theory & Practice, 1999, 23 (3): 169 – 189.

[277] Zhang, S. J. & Li, X. C. Managerial Ties, Firm Resources, and Performance of Cluster Firms [J]. Asia Pacific Journal of Management, 2008, 25: 615 – 633.

[278] Zhao, Z. J. & Anand, J. A Multilevel Perspective on Knowledge Transfer: Evidence from the Chinese Automotive Industry [J]. Strategic Management Journal, 2009, 30 (9): 959 – 983.

[279] 边燕杰. 社会网络与求职过程. 载涂肇庆、林益民编, 中国改革时期的社会变迁: 西方社会学研究评述 [C]. (香港) 牛津大学出版社, 1999: 110 – 138.

[280] 陈衍泰. 企业利用外部知识能力与企业绩效的关系研究: 基于知识平台与知识资产经营的视角 [D]. 复旦大学博士学位论文, 2007.

[281] 陈怡安, 占孙福, 李中斌. 吸收能力、知识整合对组织知识与技术转移绩效的影响 [J]. 经济管理, 2009, (3): 126 – 132.

[282] 池仁勇. 区域中小企业创新网络形成、结构属性与功能

提升：浙江省实证考察 [J]. 管理世界，2005，(10)：102 - 112.

[283] 池仁勇. 区域中小企业创新网络的结点联结及其效率评价研究 [J]. 管理世界，2007，(1)：105 - 121.

[284] 储小平. 家族企业成长与社会资本的融合 [M]. 北京：经济科学出版社，2004.

[285] 邓学军，夏洪胜. 成本考量、资源依赖抑或制度驱使：企业间网络形成动因分析 [J]. 学术研究，2008，(5)：80 - 86.

[286] 冯之浚. 国家创新系统的理论与政策 [M]. 经济科学出版社，1999.

[287] 符正平，曾素英. 集群产业转移中的转移模式与行动特征——基于企业社会网络视角的分析 [J]. 管理世界，2008，(12)：83 - 92.

[288] 盖文启. 创新网络——区域经济发展新思维 [M]. 北京大学出版社，2002.

[289] 胡明铭. 区域创新系统理论与建设研究综述 [J]. 外国经济与管理，2004，26 (9)：45 - 48.

[290] 李海舰，郭树民. 从经营企业到经营社会——从经营社会的视角经营企业 [J]. 中国工业经济，2008，(5)：1 - 13.

[291] 李焕荣，林健. 战略网络研究的新进展 [J]. 经济管理，2004，(4)：4 - 10.

[292] 李立. 关于知识产权战略推进计划的几点思考 [J]. 理论学刊，2000，(6)：85 - 89.

[293] 李林艳. 社会空间的另一种想象——社会网络分析的结构视野 [J]. 社会学研究，2004，(3)：64 - 75.

[294] 李胜兰. 非正式制度与产业集群发展研究综述 [J]. 制度经济学研究，2008，(2): 178 - 192.

[295] 李新春. 企业联盟与网络 [M]. 广东人民出版社，2000.

[296] 梁琦. 经济学应当向数学学什么？ [J]. 经济理论与经济管理，2006，(11): 5 - 11.

[297] 林聚任. 社会网络分析：理论、方法与应用 [M]. 北京师范大学出版社，2009.

[298] 刘军. 整体网分析讲义 [M]. 上海人民出版社，2009.

[299] 陆园园，谭劲松，薛红志. "引进—模仿—改进—创新"模型与韩国企业技术学习的演进过程 [J]. 南开管理评论，2006，(5): 74 - 82.

[300] 罗家德. 社会网分析讲义 [M]. 社会科学文献出版社，2005.

[301] 彭正银. 网络治理、四重维度与扩展的交易成本理论 [J]. 经济管理，2003，(18): 4 - 12.

[302] 钱锡红，徐万里，李孔岳. 企业家三维关系网络与企业成长研究——基于珠三角私营企业的实证 [J]. 中国工业经济，2009，(1): 87 - 97.

[303] 钱锡红，徐万里，杨永福. 企业网络位置、间接联系与创新绩效 [J]. 中国工业经济，2010，(2): 78 - 88.

[304] 钱锡红，杨永福，徐万里. 网络位置、吸收能力与集群企业创新 [J]. 经济管理，2009，(7): 21 - 27.

[305] 钱锡红，杨永福，徐万里. 企业网络位置、吸收能力与创新绩效——一个交互效应模型 [J]. 管理世界，2010，(5): 118 -

129.

［306］丘海雄，徐建牛. 产业集群技术创新中的地方政府行为［J］. 管理世界，2004，（10）：36 – 46.

［307］沈磊，张民. 企业间网络功能和效率边界的分析——对Williamson 治理模式选择模型的修正［J］. 中央财经大学学报，2008，（6）：69 – 73.

［308］孙洛平，孙海琳. 产业集聚的交易费用理论［M］. 中国社会科学出版社，2006.

［309］谭劲松，何铮. 集群研究文献综述及发展趋势［J］. 管理世界，2007，（12）：140 – 147.

［310］谭劲松，林润辉. TD – SCDMA 与电信行业标准竞争的战略选择［J］. 管理世界，2006，（6）：71 – 84.

［311］王缉慈. 创新的空间：企业集群与区域发展［M］. 北京大学出版社，2001.

［312］魏江. 产业集群——创新系统与技术学习［M］. 科学出版社，2003.

［313］韦影. 企业社会资本与技术创新：基于吸收能力的实证研究［J］. 中国工业经济，2007，（9）：119 – 127.

［314］吴明隆. SPSS 统计应用实务［M］. 科学出版社，2003.

［315］吴聘奇. 台湾 IC 产业的发展模式与空间扩散研究［D］. 华东师范大学博士学位论文，2008.

［316］徐万里，孙海法，王志伟，钱锡红. 中国企业战略执行力维度结构及测量［J］. 中国工业经济，2008，（10）：97 – 108.

［317］杨瑞龙，冯健. 企业间网络的效率边界：经济组织逻辑

的重新审视 [J]. 中国工业经济, 2003, (11): 5 – 13.

[318] 杨小凯. 经济学原理 [M]. 中国社会科学出版社, 1998.

[319] 于成永, 施建军. 外部学习、技术创新与企业绩效、机制和路径——基于苏浙沪等地制造企业的实证研究 [J]. 经济管理, 2009, (1): 117 – 125.

[320] 于江, 尹建华. 企业间网络中敲竹杠行为机理及对策研究 [J]. 管理科学, 2009, (4), 50 – 55.

[321] 张雷, 雷雳, 郭伯良. 多层线性模型应用 [M]. 教育科学出版社, 2005.

[322] 张俊芳, 雷家骕. 国家创新体系研究: 理论与政策并行 [J]. 科研管理, 2009, (7): 10 – 17.

[323] 张文宏, 阮丹青, 潘允康. 天津农村居民的社会网 [J]. 社会学研究, 1999, (2): 108 – 118.

[324] 赵增耀, 王喜. 产业竞争力、企业技术能力与外资的溢出效应——基于我国汽车产业吸收能力的实证分析 [J]. 管理世界, 2007, (12): 58 – 66.

[325] 赵正龙, 陈忠, 李莉. 基于企业网络的创新扩散过程 [J]. 上海交通大学学报, 2008, 42 (9): 1534 – 1540.

[326] 周泯非, 魏江. 产业集群创新能力的概念、要素与构建研究 [J]. 外国经济与管理, 2009, 31 (9): 9 – 17.

后　记

　　转眼，在中山大学九年的学习生涯即将告一段落，青春的懵懂也将自此正式走向成熟。回顾过去的日子，不免感叹大学时光的短暂，内心也油然升起浓厚的感激之情。

　　读博三年来，最应该感激的人是我的导师杨永福教授。入学以来，老师从多个方面对我进行了培养。博士论文开题以来，老师在我的论文写作和修改上提出了大量宝贵的意见，使我的博士论文能够顺利完成。最令我感动的是，老师在平时的阅读中，总是细心留意每一个与我博士论文相关的细节，并惯常用他那厚厚的笔记本不遗余力地写下密密麻麻的文字以便转告于我。老师还教会了我省部级课题和研究报告的写作技巧和方法，也鼓励我积极参与到其他老师的重大项目中，这一切为我今后主持项目积累了宝贵的经验。老师在生活上也给予了我极大的帮助，时时提醒我要注意身体，对我的关心细致入微。此外，老师在我的职业生涯规划方面也给予了极大帮助、倾注了大量心血，在我茫然之时为我树立了职业目标，使我对未来的认识更加清晰明朗起来。感谢老师三年来对我在生活和学习上的关爱和帮助，谢谢您，老师！能成为您的学生我感到无比自豪！

我还要感谢管理学院的李孔岳教授，李老师身兼我的本科和硕士导师，他那风趣幽默的个性总是令人难忘，与李老师的相处也总是让人感到轻松和愉快。无论是李老师开设的全日制硕士，还是MBA、研究生课程班的课都受到了极大好评，同学们都非常喜欢他的教学风格，当然，我也不例外。自本科跟随李老师学习以来，无论我的本科还是硕士学位论文都得到了李老师悉心的指导；考硕、考博的复习也都得到了老师的极大帮助。读博士以来，李老师仍然对我关怀有加，为我的博士论文修改提供意见，向我的现任导师了解我的学习情况，为我及我的男友提供减轻经济负担的各种宝贵机会……在此，我要向李老师致谢，感谢李老师长期以来无微不至的关照！

我敬仰岭南学院的每一位老师，他们当中有些曾经给我授过课，或许只是短暂的几次课，但都给我留下了深刻的印象。其中，我特别要感谢的老师有储小平教授、陈宏辉教授、孙洛平教授、王美今教授，他（她）们对教学的热情和奉献精神常常触动着我以及我身边的每一位同学，从他（她）们身上我看到了作为一名光荣的人民教师的伟大之处。感谢孙洛平教授、李胜兰教授、陈广汉教授、才国伟博士在预答辩时给我提出的建设性意见，他（她）们丰富的科研经验和富有洞察力的观点使我的论文更加趋于完善。有幸在正式答辩时再次得到李胜兰教授和孙洛平教授的真传，他（她）们在预答辩的基础上又给我提出了几条论文进一步修改所需的独特新颖的观点，尤其是李胜兰教授作为答辩主席将答辩现场气氛调节得非常和谐，在此向两位教授致以深深的谢意。我还要感谢广东外语外贸大学党委书记隋广军教授、华南理工大学经济与贸易学院田秋生副院长、暨南大学经济学院刘金山教授在百忙之中付出时间和努力审阅我的论文，他们谦和的态度缓和了我答辩时的紧张情绪，来自你们的认可与鼓励也更加坚定了我选择学术之路的信心，在此向三位教授致以深深的谢意！此外，感谢舒元教授提供给我担任985二期"区域经济协调发展与产业结构研究"方向秘书的机会，在这项艰巨的工作中我学会了许多，为我今后的学习和工作积累了宝贵的经验，谢谢舒老师给予我的宝贵机会！感谢王珺老师提供给我参与他们庞大研究团队工作的机会，有幸能从王老师的讨论会上获得启发，更有幸能与王老师门下的弟子相识、合作。

　　其他学院及学校的多位老师都曾经直接或间接地给予过我帮助，在此要向他们一一表示感谢。首先，感谢社会学系的丘海雄老师作为我申请笹川优秀青年奖学基金的推荐人之一，还要感谢丘老师给予我参与其重大课题的宝贵机会。感谢清华大学的罗家德教授在华南理工大学的社会网络分析讲座，感谢华盛顿大学商学院的谭勇教授在管理学院开设的pajek培训课程，感谢香港中文大学罗胜强教授在岭南学院开设的结构方程培训课程，还要感谢亚利桑那州立大学徐淑英教授在中大举行的数次管理研究的讲座，以及澳大利亚国立大学陈镇雄教授的方法论讲座。这些教授的讲座和课程都为我博士论文提供了巨大的方法论启示，在此要向他（她）们致谢！

　　感谢我的同门，与你们在一起的任何一次谈话或聚会都会顿时打消我的任何烦恼，你们是我排忧解难的"开心果"！感谢同门中唯一的学长——何杨平师兄，师兄通常都作为长者为我们的生活和学习提供意见和建议，始终扮演者大哥哥的角色；师兄还为我的求职提供了帮助，在此一并向师兄致以谢意！边琳，虽与我同一年入学，但在我心底里一直都把她当成大姐姐，因为无论从阅历还是见识上她都比我们高出许多。平时相处中，她教我如何做人、教我未来如何生儿育女……。我的师妹朱泯静，在平时的学习中我与她合作最多，生活中我与她闲聊也最多，因此，她对我的影响也是最大的。虽然我比她高两级，年龄也比她大一岁，但平时在生活上有很多把不准的事情我多数还会向她请教，她剖析问题通常都是一针见血，而且还时时鼓励我要果断执行。实践证明，多数情况下她的建议都是奏效的。现在，每当遇到一些棘手且不便与家人商量的事情，我都会"求助"于朱师妹。还要感谢李伟娜，她是典型的东北女孩，开朗、活泼、爽快。她对生活积极乐观的态度总是能帮我冲淡我对现实的一些消极看法。郑山水，我最佩服他处事不惊以及用微笑来化解僵局和挫折的处事风格，这一点是我所欠缺的，以后要向山水多多请教。最后，还要感谢同门已经毕业的硕士研究生郭俊辉、赵军和徐冠杰，我永远都难忘与你们在南沙调研和游玩的日子，我们的"臭脚丫"特写始终都被我珍藏起来，感谢你们给我的难忘回忆！

我还要感谢父母赐予我生命，感谢父母的养育之恩，感谢父母对我九年大学生活的默默支持。博士论文的顺利完成也得益于父母巨大的精神支持。每当遭受挫败感时，父母的一席贴心话和浓浓的爱意总能让我释怀。在父母的身上我更是学到了做人的品质——花甲之年的父亲始终保持着年轻人的干劲和冲劲，母亲也始终保持着她那与生俱来的幽默感和积极乐观的生活态度。我还要感谢姐姐、姐夫们，他（她）们对爸爸妈妈的关心照顾让我可以安下心来撰写博士论文，在此，我要向他（她）们说声"谢谢"！

　　我还要感谢我的男友，我们同读博士，互依互助，近六年来他无论在学习和生活上都给予了我极大的帮助，我们的爱情也在学习的征程中升华。是男友鼓励我读硕士、读博士，也是男友鼓励我潜下心来做学术，没有他，我不可能踏上更高的学术殿堂。正因为有了他，我的生活才更加充实、更加多姿多彩！我还要感谢男友的父母及姐妹对我身体的关心和对我求职的关注，他们每一次的问候都带给我一丝丝温暖！

　　感谢深圳地区所有填答问卷企业的信任和大力支持！感谢广东省相关政府部门对本研究问卷发放与回收工作的支持与配合。感谢《管理世界》《中国工业经济》《经济管理》杂志社的专家们给予我发表博士论文部分成果的机会，来自你们的一条条宝贵修改意见为我的博士论文成稿起到了画龙点睛的效果。虽然我们素未谋面，但你们工作的效率和热心深深打动了我，在此要向你们说声"谢谢"！

　　感谢岭南学院全体行政人员的服务支持，正是你们将各种烦琐的事务安排得井井有条，才使我们可以专心下来好好学习。尤其要感谢阳向荣、徐咸玉、李义华、余立人老师给予过我的帮助。在此，我要向岭南学院所有默默提供服务支持的行政工作人员们致敬！

　　最后，谨向曾经帮助过我的所有老师、亲人、同学、朋友以及其他人士致以最诚挚的谢意！

钱锡红
笔丁康乐园